ZINKA HÖRNING

Geschichten und Gedichte

schön – schräg – schaurig - sinnlich

ZINKA HÖRNING

Geschichten und Gedichte

schön – schräg – schaurig - sinnlich

Bibliografische Information der Deutschen Nationalbibliothek:
Die Deutsche Nationalbibliothek verzeichnet diese Publikation in der
Deutschen Nationalbibliografie; detaillierte bibliografische Daten sind
im Internet über http://dnb.dnb.de abrufbar.

TWENTYSIX – Der Self-Publishing-Verlag
Eine Kooperation zwischen der Verlagsgruppe Random House
und BoD – Books on Demand

ISBN 9783740765989

© 2020 Hörning, Znika

Herstellung und Verlag: BoD – Books on Demand, Norderstedt

Was habt ihr alles

schon zerstört

habt ihr die Stimme Gottes

nicht gehört

Die leise Redenden

bringt ihr zum Schweigen

so wird sich das Dunkel

über euch neigen

Kasper und die Maus

Unser Kasper kam zu uns, nachdem unsere Hündin, die Pauline, entschlafen war. Pauline war ein wunderbares und ein schönes Tier. Sie war eine Promenadenmischung, mit ganz schwarzem Fell, hochstehenden Ohren und einem Gesicht, mit braunen Punkten an den Augenbrauen. Man hätte sie fast für ein Reh halten können. Die Schnauze, die Vorder- und die Hinterfüße waren im Bereich braun abgesetzt. Viele schöne Erlebnisse verbanden uns mit ihr. Nichts kann schöner sein, als ein Wollknäul, das dich liebt, dir vertraut und dich als Rudels Führer bedingungslos akzeptiert. Sechzehn Jahre alt ist Pauline geworden. Ich hätte sie zu keiner Zeit missen wollen.

Als sie nicht mehr da war, schafften wir uns aus Zeitgründen, ganz bewusst, kein Tier mehr an. Mein Mann und ich waren beide Berufstätig. Für ein Tier blieb kaum noch Zeit und Raum in unserem Leben. Ein junges Geschöpf viele Stunden sich selbst überlassen, das wollten wir beide nicht. Die Vorsehung wollte es wohl anders.

Eines Tages kam ich mittags nach Hause, öffnete im Wohnzimmer die Terrassentür und bereitete mir in der Küche einen kleinen Mittagsimbiss. Draußen war wunderschönes Wetter, die Sonne schien und lockte, es war einfach herrlich. In unserem Garten tollte in der Zwischenzeit ein kleiner Kater. Er sprang im Gras nach Schmetterlingen und versuchte sie zu fangen. Possierlich war er anzusehen, wie er tollte, während ich meine Zwischenmahlzeit zu mir nahm. Ich sah ihm amüsiert zu. Er kam irgendwo aus der Nachbarschaft. Ich wusste aber nicht so recht, wohin er gehörte. Es war ein ganz junges Tier, etwa ein halbes Jahr alt. Was wir zu der Zeit nicht wussten, war, dass er ein neues zu Hause suchte. Von da an kam er immer wieder und nistete sich bei uns ein. Von Zeit zu Zeit tun Katzen das schon mal, ließ ich mir von Katzenbesitzern später erzählen. Sie wechseln kurzerhand den Besitzer, wenn ihnen in ihrem eigentlichen Zuhause etwas missfällt. Er tat nun, als wäre er bei uns zu Hause. Also saßen wir auf einem Kater, der praktisch nicht uns gehörte. Er hatte ganz weiches, wundervoll gezeichnetes Fell. Er war unumstritten attraktiv. Und seine Augen? Aus seinen smaragdgrünen, funkelnden Augen, mit dem leichten Silberblick, sah er uns so manches Mal ganz verschmitzt an. Ohne jeden Zweifel, er hatte viel Charme und den Schalk in seinen Augen, immer zum Scherzen und zu Streichen aufgelegt. Mein Herz hat er im Sturm erobert.

Kasper spielte leidenschaftlich gern Verstecken. Wenn ich in ein Zimmer trat und an ihm vorbei ging, sprang er aus seinem Versteck hervor, berührte mit seinen Samtpfötchen kurz von hinten meine Beine und lief so schnell, wie ein Blitz davon. Man merkte, welchen Spaß es ihm bereitete, mich zu überraschen. Natürlich wusste ich, dass er mir dort auflauerte. Ich war jedes Mal belustigt. Auch ich versteckte mich des Öfteren, schlich förmlich auf ganz leisen Sohlen hinter eine Tür und verschwand dahinter. Er bemerkte sofort, was ich im Schilde führte. Ganz langsam schlich er heran und hatte große Freude, mich zu entdecken. Danach flitzte er in Windeseile davon. Das fand er ganz aufregend, man merkte es ihm an. Ganz besonders liebte er meine Schals vor den Fenstern. Dort saß er mit großer Vorliebe und beobachtete mich, unsichtbar, hinter der Gardine versteckt. Er versuchte aus seinem Versteck mit einem Auge zu erspähen, ob ich wusste, wo er auf mich lauerte. Toll war er, und er liebte uns, das war nicht zu übersehen. Und wir liebten ihn. Meinen Mann musste er allerdings erst richtig erobern. Das tat der Kasper, wie wir ihn später nannten, auch mit viel Charme sehr geschickt. Er umgarnte ihn förmlich. Bis sie eines Tages einträchtig nebeneinander auf dem Sofa saßen. Liebkosend, beide innig aneinandergeschmiegt, als wäre es nie anders gewesen. Von da an waren sie beide unzertrennlich, ein Herz und eine Seele. Ich hatte große Freude, mir die beiden so friedlich nebeneinander anzusehen.

Mich versuchte er in männlicher Manier mit Kunststücken zu beeindrucken, wobei ich ihm mit viel Begeisterung zusah und Lob und Beifall leistete. Mit Vorliebe machte er Purzelbäume und drehte sich mit einem Ball immer wieder auf dem gefliesten Boden oder auf dem Teppich. Er war unglaublich wendig und bekam von Allem nie genug. Meine Bewunderung hatte er und meine Begeisterung tat ihm gut.

Katzen leben nachts. Da bildete auch unser Kasper keine Ausnahme. Sein Revier verteidigte er als tapferes Raubtier. Er war sehr mutig und kuragiert. Aber, wenn es darauf ankam, konnte er uns gegenüber seiner Dankbarkeit zum Ausdruck bringen. Er dankte uns regelmäßig für die ihm zugewiesene Gunst, die wir ihm gewährten. In regelmäßigen Abständen brachte uns Kasper Geschenke mit. Damit sagte er uns immer wieder – ‚Danke'.

Morgens, wenn Kasper vor der Terrassentür saß, um Einlass zu bekommen, war mein Erstaunen groß. Seine Anerkennung drückte er auf seine Weise aus. Denn zu meinem Leidwesen lagen an so manchem Morgen gleich drei tote Mäuse auf der Matte. Alle mit dem Kopfende zur Tür gerichtet, auf die linke Seite gedreht, in Reih und Glied lagen sie gleichmäßig nebeneinander.

So gut alles aussah, für mich war das unfassbar. Aber an die toten Mäuse konnte ich mich nicht gewöhnen, sosehr ich mich auch bemühte. Leider! Aber ich überwand meine Abneigung, lobte ihn in hohen Tönen, daran kam ich nicht vorbei. Zugegeben, unser Kasper war ein sehr tüchtiger Kater, der viel Lob und Anerkennung brauchte und auch verdiente. Das war ohne jeden Zweifel. Denn, es sollte unserem Kater schließlich gut gehen.

Doch eines Abends, als unsere Terrassentür offenstand, flitzte unser Kasper an uns vorbei ins Wohnzimmer. Wir sahen uns an und bemerkten nicht sofort, dass er in seiner Schnauze eine Maus festhielt. Bis er sie mitten im Wohnzimmer fallen ließ. Sie lebte noch. Bei Mäusen in der Wohnung hörte bei mir der Spaß endgültig auf. Entsetzt schrie ich auf. Die Maus landete auf dem gefliesten Boden. Wir waren ganz gefesselt von diesem Ereignis, das sich vor unseren Augen abspielte. Doch, anstatt weg zu laufen, wie ansonsten bei Mäusen üblich, reagierte dieses Tier anders, als erwartet. Sie rappelte sich auf, drehte sich um und trippelte auf ihren kleinen Füßchen auf unseren Kater zu. Denn, im Vergleich zu der Maus, war der Kater, wie ein Riese. Was dann geschah, ließ das Blut in unseren Adern gefrieren. Ich traute meinen eigenen Augen nicht, verstand auch nicht sofort, warum die Maus nicht das Weite suchte, um dem Kater zu entkommen. Was das Tierchen beabsichtigte, war für mich ein Rätsel. Das Nagetier stellte sich direkt vor Kasper auf die Hinterbeine, stemmt sich mit dem Körper aufrecht nach oben, und sagte dem Kater den Kampf an.

„Mein Gott, was macht die Maus?" fragte ich meinen Mann! Es dauerte etwas, bis ich begriff. Doch nun hatte ich die Situation erfasst. Sie forderte ihn zum Kampf auf, sie wollte es mit ihm aufnehmen. Ich war fassungslos. Die ganze Aktion war einfach absurd. Eine so kleine Maus, die absolut keine Chance hatte, sagte dem großen Kater den Kampf an. Diesen Größenunterschied von dem winzigen Tier zum Kater, muss man sich bildlich vorstellen. Dann weiß man, wie ungeheuerlich und aussichtslos diese Kampfansage war. Ich konnte nicht begreifen, was sich vor meinen Augen abspielte. Nachdem das Tier sich vor unserem Kater aufbaute, schaute unser Kasper etwas amüsiert die kleine Maus an, legte den Kopf ein wenig schief, als ob er sagen wollte „Was willst du eigentlich?" - „Was soll das werden?" Selbst der Kater war verwundert über dieses Bravourstück. Er sah das kleine Nagetier eine Weile an, dann hob er seine Pfote, holte aus, verpasste ihm damit einen Schlag, so dass das kleine Tierchen etwas eineinhalb Meter von Kater entfernt wieder zu Boden ging. Das Mäuschen rappelte sich wieder hoch, drehte sich um, rannte wieder zum Kater zurück, stellte sich abermals auf ihre Hinterbeine und streckte sich erneut dem Kater zur Gegenwehr entgegen. Ich fragte ganz entsetzt noch einmal: „Warum tut sie das?"

Wir beide hielten den Atem an, waren wie versteinert und konnten kaum reagieren. Diese Handlung machte uns völlig stumm. Das Herz blieb uns fast stehen. Das Ganze wiederholte sich noch dreimal. Nun reagierte ich und bat meinen Mann: „Bitte, tue etwas, fang die Maus und bringe sie ins Freie." Nun war er hinter der Maus her, um sie zu fangen. Noch absurder konnte diese Situation nicht werden. Unser Kater sah meinen Mann ganz verdutzt hinterher, hielt inne und verstand nicht, warum nun mein Gatte die Maus einfangen wollte. Wenn wir nicht reagierten, konnte das nur ganz schlecht für das Tierchen ausgehen. Das konnte ich nicht ertragen.

Nun versuchte mein Mann das possierliche Tier einzufangen. So klein und wendig, wie es war, entwischte es ihm mehrmals. Er bekam die Maus zu nächst nicht zu fassen. Der Kasper sah uns ganz irritiert zu. In der Zwischenzeit packte ihn der Jagdinstinkt erneut. Doch mein Mann war schneller. Nach mehreren Versuchen gelang es ihm endlich, das Nagetier zu fangen und festzuhalten. Er brachte es nach draußen in die Anlage und legte es weitab im Gras ab. Unser Kater war völlig verunsichert und suchte weiter nach der Maus. Das Ganze ging für ihn zu schnell.

Für den Moment war das Tier erst einmal gerettet. Ob die Maus unserem Kater irgendwann aufs Neue begegnete, ist uns nicht bekannt. Es war interessant, zu sehen, dass ein so kleines Tier so viel Mut aufbrachte. Der erste Reflex eines jeden Tieres ist, in einer Gefahrensituation zu entfliehen oder sich totzustellen. Was hat dieses Tier dazu bewogen, sich dem Kater entgegenzustellen? Hatte die Maus womöglich Junge, die sie mit dem Einsatz ihres Lebens verteidigte? Auch in der Tierwelt gibt es Überraschungen.

„Eine wahre Heldin!"

Der Diamant

Ein roher Diamant

wenn er erst geschliffen

er glänzt und strahlt

in allen Schattierungen

in tollsten Farben

in einer Pracht von Lichterglanz

mit einem wundervollen Tanz

der vielen Lichter

der vielen Farben

und immer dichter

der Nebelglanz

der den Lichtstrahl

für immer durchdrang

Die Brüder

Adam und Eva lebten im Garten Eden. Die Schlange überredete Eva vom Baum der Erkenntnis zu essen. Sie handelte entgegen dem Verbot Gottes. So wurden sie die Ausgestoßenen, die aus ihrem Paradies, in dem sie bis dahin sorglos lebten, vertrieben wurden und es verlassen mussten.

Sie wanderten über Berge und Täler, überquerten Flüsse, suchten lange nach einem geeigneten Ort, einem Dorf, einer Gemeinschaft, wo sie und ihre Familie Schutz finden konnte, wo sie für immer bleiben durften. Schließlich fanden sie ein ihnen passend erscheinendes Dorf. In diesem Dorf fanden sich gute Menschen, die ihnen freundlich gesinnt waren. Sie konnten sich ein Stück Land aneignen, das groß genug war, um die Familie ernähren zu können. Sie betrieben Ackerbau und Viehzucht.

Eva gebar den ersten Sohn, den sie Kain nannten. Nach nicht allzu langer Zeit bekamen sie auch den zweiten Sohn Abel. Adam, der als ältester Dorfbewohner der Gemeinde viele Geschichten aus dem Paradies zu erzählen wusste, fand hier seine Zuhörerschaft. Neugierig und voller Bewunderung hörten sie ihm alle in der ersten Zeit zu.

Als Kinder hingen die beiden Brüder sehr aneinander. Man könnte sagen, dass sie sich liebten. Überall tauchten sie gemeinsam auf. Sie waren kleine, wilde Burschen, die ständig gemeinsam dieselben übermütigen Streiche aushecken. Wo sie auch auftauchten, war nichts vor ihnen sicher. So vergingen die Jahre und sie wurden älter.

Abel, der jüngere der beiden, war ein fröhlicher Junge mit viel Charme und Herz. Im Dorf und bei den Dorfbewohnern war er sehr beliebt. Alle Herzen flogen ihm zu. Was er auch tat, gelang ihm. Kain dagegen konnte weder dem Vater etwas recht machen, noch die Beliebtheit seines Bruders im Dorf erreichen. Dadurch veränderte sich Kain immer mehr, und Hass und Neid gegen seinen Bruder keimten in seiner Seele auf und wurden ihm zur Qual.

Doch nach Jahren der Mühsal und harter Arbeit, dem ewigen Kampf ums Überleben breitete sich immer mehr Unzufriedenheit und Frustration in ihren Seelen aus und vergiftete sie. Welch ein sorgloses Leben voller Annehmlichkeiten mussten sie im Garten Eden aufgeben. Dafür offenbarte sich ihnen hier ein täglicher Kampf ums Überleben. Der Jähzorn überfiel Adam immer öfter und er ließ seine Frau spüren, was sie ihnen angetan hatte, als sie sich von der Schlange im Paradies verführen ließ. Er tyrannisierte nicht nur seine Frau, sondern auch seine beiden Söhne. Mit harter Hand führte er das Regiment in seiner eigenen Familie. Auch seine Söhne wurden dabei nicht verschont. Dabei hätte er mit dem Erreichten zufrieden sein können. Sein Besitz, der in den dreiunddreißig Jahren ansehnlich angewachsen war, hätte ihn mit Stolz erfüllen können. Doch das tat er nicht. Adams Frust ging auch an den beiden Söhnen nicht spurlos vorüber. Kain, der durch seinen Vater nie Lob und Anerkennung geerntet hatte, war verzweifelt und frustriert.

Dann kam die Zeit der Opfergaben, die Gott nur in der Gemeinschaft des gesamten Dorfes gebracht werden durften. Abel war Schafhirte und bereitete sich darauf gut vor. Aus seiner Herde würde er eines seiner Erstlinge und etwas von dem Fett als Opfergabe seinem Herrn darbringen. Sehr früh am Morgen, als alle im Dorf noch schliefen, brach er auf, um in die Berge aufzusteigen. Lang und beschwerlich war der Anstieg, der am Fuße des Berges in die Bewaldung überging, wo er die Kräuter vermutete. Denn dort wollte er nach seltenen Kräutern suchen, denn damit kannte er sich aus. Er wollte, dass die Opfergaben gelingen, zu Ehren Gottes.

Nun machte sich die Gemeinde daran, das gemeinsame Gebet zu sprechen, bevor die Opferhaufen entzündet wurden. Dicker schwarzer Rauch stieg von Abels Opfer dem Himmel empor. Ein Raunen ging durch die Menge. Mit Wohlwollen und Anerkennung bestaunten die Dorfbewohner Abels Opfergabe.

Doch Kains Stapel brannte überhaupt nicht. Kain, der Ackerbauer geworden war, brachte die Früchte seiner Felder dem Herrn als Opfergabe dar. War das Holz womöglich zu frisch und feucht? Qualmte es vielleicht deshalb in kleinen Wölkchen zum Himmel? Erniedrigt und gedemütigt wie ein geprügelter Hund, fühlte er sich vor dem ganzen Dorf. Nicht genug, dass sein Vater ihn strafte und ihn Versager nannte. Welche Schmach musste er hier ertragen? Die Dorfbewohner lachten über ihn. Spott und Häme konnte er aus dem Gemurmel entnehmen. Wie hatte es dazu kommen können? War er vor Gott in Ungnade gefallen? Oder hatte etwa sein eigener Bruder damit etwas zu tun? Hatte nicht gerade er das Holz für ihn gehackt? Voller Verzweiflung und Wut blickte er zu Boden und wandte sich von der Menge ab, die nurmehr ein spöttisches Grinsen für ihn übrighatte.

Kain wandte sich vom Dorf ab und verließ es. Er fühlte sich enttäuscht, von Abel verraten. Hatte er doch geglaubt, dass wenigstens sein Bruder ihn liebte. Doch Abel konnte das Geschehene nicht so stehenlassen. Er folgte Kain, mit dem er Mitleid hatte. Doch Kain, der seine Erklärung nicht glaubte und hören wollte, war blind vor Wut und Enttäuschung. Die Worte seines Bruders Abel prallten an ihm ab. Er hörte sie nicht mehr. Wie benebelt und von Sinnen griff er in den Sand, bekam einen Stein zu fassen, und schlug einfach nur zu. Erst als sein Bruder blutüberströmt vor ihm lag, kam er langsam zur Besinnung und sah, was er getan hatte. Er nahm seinen Bruder in den Arm, weinte und schluchzte, und konnte doch nichts ungeschehen machen.

Kain stand auf, verließ das Dorf, in dem sie viele schöne Stunden gemeinsam verbracht hatten, und ging für immer in die Fremde. Er fühlte sich ausgestoßen, als unsteter, ruheloser Wanderer ohne Heimat.

Die Liebe

Liebe geben, Liebe empfangen
wir brauchen sie alle
welch schweres Unterfangen
sie lässt uns aus dem Tiefsten schöpfen
und alles bewahren
keiner von uns kann ohne Liebe leben
sie ist wie die Luft für uns zum atmen
die uns Kraft gibt
unser Leben zu erhalten

Wie vielfältig die Liebe
so wunderbar wärmend
die Liebe zum Kind
so tief, rein und beschützend
die Liebe zum Mann
bis zur Selbstaufgabe
die Liebe zu uns selbst
ohne die wir nie Liebe geben können
Liebe aus reinem Herzen gegeben

ist tragend

die Liebe zum Nächsten

kommt zu uns zurück

Drei Strolche am See

„Die Tonkuhle" ein kleiner ansehnlicher See, recht überschaubar eingebettet in einem idyllischen Naturgebiet hinter einer Wohnsiedlung mit alten Häusern konnte in einer Dreiviertelstunde zu Fuß umrundet werden. Der See war eine ehemalige Kiesgrube, aus der Kies abgebaut und abtransportiert wurde. Der Bagger stieß eines Tages auf eine Hauptwasserader, die dabei zerstört wurde und einen weiteren Abbau damit unmöglich machte. Die Schlucht, die durch den Abbau entstand, füllte sich durch die entstandene Fontäne mit Wasser, die sich meterweit hoch in den Himmel ergoss. So war der See entstanden und bekam seinen Namen „Die Tonkuhle". Das liegt allerdings lange Jahre zurück.

Auf der rechten Seite lag noch der übriggebliebene Sand, aus dem der Sandstrand entstand und zum Baden und Sonnen gedacht und genutzt wurde. Der See war oval angelegt, direkt neben dem Sandstrand, der sich zur gegenüberliegenden Seite weiter ausdehnte. Hier war eine Anlegestelle für Boote, wo auch Angler in den frühen Morgenstunden angeln durften. Der Abhang und die Ebene oberhalb des Abhangs waren mit viel Grün, verschiedenen Büschen und Bäumen bewachsen. Von der Stelle auf der gegenüberliegenden Seite bis zum Sumpfgebiet befand sich eine Schonung mit junggepflanzten Bäumen. Auf der linken Seite des Sees lag das Sumpfgebiet, eine Halbinsel, die völlig abgegrenzt wurde. Hier war der Rand mit Schilf bewachsen, dahinter lag eine Birkenschonung, Brutstelle vieler Storche und Frösche. Auf der anderen Seite lag ein Naturschutzgebiet mit Buchen, Tannen, Weiden, Sträuchern, großen Rhododendronbüschen, mit vielen Walnussbäumen und wilden Kirschbäumen. Auf dieser Seite des Sandstrandes, der in der rechten halbförmigen Biegung lag, stand eine kleine Halle mit einer kleinen Bude, die nur im Sommer genutzt wurde und geöffnet war. Dort wurden kleine, einfache Gerichte angeboten und Spaziergänger konnten verweilen, etwas trinken, etwas zu essen zu sich nehmen und eine Pause einlegen. Auf beiden Seiten waren Bänke aufgestellt. Ein Idyllisches Naturgebiet. doch in der Mitte war der See sehr tief. Eine trügerische Idylle, denn in der Mitte war der See unerwartet tief, was niemand erwartete.

Die Tonkuhle bot einigen Jungen wunderbare Sommer mit herrlichen Spielen in der Natur. Drei Jungen, elf-, zwölf- und dreizehnjährig, hockten und steckten ständig die Köpfe zusammen und heckten neue Spiele oder auch Streiche aus. Der Dreizehnjährige war sehr groß gewachsen mit abstehenden Ohren, seine Nase lag krumm in seinem Gesicht und er hatte einen dunklen Haarschopf. Der Zwölfjährige mit roten Haaren war etwas klein geraten und pummelig. Schließlich gab es noch den Elfjährigen mit blond gelocktem Haar und langen dünnen Beinen, wurde Spargeltarzan genannt. Diese Drei waren wie die drei Musketiere unzertrennlich.

Hier am See spielten sie Tarzan zu Zeiten des Jonny Weißmüller, wetteiferten gegeneinander darum, wer schneller die gegenüberliegende Seite des Sees genauso erreichte, wie

Tarzan es getan hatte, als er von Baum zu Baum schwang. Ein anderes Mal gruben sie sich Höhlen unter der Erde mit langen Gängen, die in eine Behausung führte, die sie sich gemütlich eingerichtet hatten. Hier verschwanden sie unauffindbar, wenn sie von der Familie gesucht wurden.

Bei Wintereinbruch konnten sie es kaum abwarten, dass das Eis stark und dick genug wurde, um es betreten zu dürfen. Wenn der See zugefroren war, konnten sie darauf Schlittschuh laufen, denn damals gab es noch richtige Winter, die diese Bedingungen zum gefahrlosen Betreten schufen. Die Eltern warnten immer wieder: „Das Eis ist noch nicht dick genug. Das darf noch nicht betreten werden!" Doch die Jungen kümmerte das nicht sehr, was die Eltern sagten. Es ging ihnen zum einen Ohr hinein und zum anderen wieder hinaus. Als das Eis aussah, als könnte es sie tragen, zogen die drei Buben die Schlittschuhe an und der Älteste betrat eifrig das Eis. Das Eis knackte und knirschte und ächzte unter seinem Gewicht, aber er blieb nicht lange an einer Stelle und fuhr im richtigen Moment schon weiter. Die beiden Jüngeren überhörten das Knarren und Bersten des Eises und waren so fasziniert und berauscht von dem Wunsch, auf dem Eis zu laufen, dass sie vorschnell hinterherliefen. Wie vom Fieber befallen, liefen sie einer dem anderen hitzig nach. Aber das Eis war noch nicht dick und stark genug, um die Jungen tragen zu können. Dort, wo der See in der Mitte sehr tief war, brauchte er länger, um eine dickere Schicht Eis zu bilden als am flachen Rand. Zur Mitte des Sees barst hinter dem Dreizehnjährigem das Eis und brach in größere unebene Stücke. Der Zwölfjährige lief dicht hinter ihm her und sah, wie das Eis hinter dem Dreizehnjährigen Stück für Stück einbrach. Er war so geistesgegenwärtig, dass er auf die Schollen, die entstanden waren, sprang und dann immer weiter auf die Nächste und wieder Nächste und dann noch eine Weitere. Doch der Elfjährige, der sich hinter den beiden Älteren zögerlicher herwagte, sah das gebrochene Eis nicht rechtzeitig, konnte nicht so schnell reagieren, wie die anderen beiden Jungen und schaffte es nicht, auf die nächste Scholle zu springen. Er brach ein und fiel in das eiskalte Wasser des Sees, das ihn unter sich begrub. Im gebrochenen Eis waren mehrere Schollen entstanden, die den Elfjährigen unter sich begruben. Er verschwand tief in dem eisigen Nass. Die schweren Schlittschuhe zogen ihn herunter. Er kämpfte um sein Leben, schlug um sich, schaffte es tatsächlich nach oben, doch die Schollen verschoben sich und versperrten den Ausgang, dass er nicht auftauchen konnte. Die Kräfte ließen nach, er tauchte wieder unter, tiefer und tiefer, scheinbar ausweglos. Der Wille zu leben war jedoch stärker. Er schlug so sehr um sich und versuchte nach oben zu gelangen. Noch einmal schaffte er es. Irgendetwas spürte er etwas Undefinierbares neben sich, dass ihn nach oben zog. Dann verschwanden die Sinne, und von da an wusste er später nichts mehr.

Der Zwölfjährige bemerkte sofort den Einbruch seines Freundes hinter ihm und schrie nach dem Dreizehnjährigen, drehte um und legte sich ganz vorsichtig aufs Eis in die Nähe der offenen Stelle, an der sein Freund verschwunden war. Er versuchte die Schollen mit aller Kraft auseinanderzudrücken und schieben, sodass wieder ein Loch entstehen konnte. Dort suchte er nach seinem Freund. Und dann entdeckte er in der Nähe des entstandenen Loches seinen verschollenen Freund, der gerade wiederauftauchte, in der Nähe des entstandenen Loches. Der Zwölfjährige bekam ihn zu packen, griff fest zu und ließ nicht mehr los. Doch war sein Freund im Wasser zu schwer, um ihn allein herausziehen zu können.

Er wartete auf den Dreizehnjährigen. Als er ihn erreichte, legte er sich ganz vorsichtig auf das Eis. Dann zogen sie gemeinsam, ganz langsam und betulich Stück für Stück aus dem eisigen Wasser. Mit den nassen Klamotten war er ungeheuer schwer. Ganz langsam krochen sie auf dem Eis zum Rand des Sees und zogen ihren Freund mit sich. Leblos lag der Elfjährige vor ihnen auf dem eisigen Boden. Der Dreizehnjährige begann mit der Mund-zu-Mund-Beatmung und massierte rhythmisch das Herz, in dem er immer wieder auf den Brustkorb drückte. Er wusste, was zu tun war. Schon bald kam der Bewusstlose zu sich, spuckte Wasser und hustete.

Nachbarn, die durch das laute, aufgeregte Schreien aufmerksam geworden waren, kamen mit Decken, in die der Elfjährige eingeschlagen wurde. Er klapperte fürchterlich mit den Zähnen und war ganz blau angelaufen. Dann kamen auch schon die Eltern des Jungen, die mit ihm ins Krankenhaus fuhren, wo er weiter versorgt werden konnte. Der Zwölf- und der Dreizehnjährige, standen wie traumatisiert abseits des Abhangs, sahen zum See hinunter, der ganz ruhig und scheinbar unschuldig vor ihnen lag. Doch die drei Freunde hatten am eigenen Leib erfahren, dass es sich bei der Idylle des Sees bloß um einen trügerischen Schein handelte. Diesmal waren sie glücklicherweise noch einmal davongekommen.

In Mondlicht gehüllte Landschaft

Wach oder träum ich

die Landschaft

in silbergraues Mondlicht

getaucht

wie von Zauberhand

Gespenstische Schatten

auf Hügeln auftauchend

nehmen Gestalt an

beflügeln die Fantasie

Wach oder träum ich

kann kaum unterscheiden

hie und da ein leiser Ruf

aus weiter Ferne

verzaubert die Nacht

Ein Freund der Regierung

1. Hier draußen im Inneren des Landes, fernab der Stadt und der Zivilisation, herrschte nichts als Trostlosigkeit und Resignation. Die felsige Landschaft, die lehmig steinige Erde waren von der gnadenlosen Hitze der brennenden Sonne ausgedörrt und erbarmungslos ausgetrocknet. Der Wind wehte hier über die Serpentinen und die Landschaft, wirbelte den kalkigen Staub über das karge Land. Hier konnte nichts angebaut werden, wofür es sich lohnte zu leben und zu arbeiten. Hier gab es nicht genug Wasser und der lehmige Boden hatte keine Kraft, in der etwas gedeihen, wachsen und geerntet werden konnte. Kein Mensch und kein Tier konnten in dieser Einöde wirklich leben und existieren. Der Staat und die jeweilige Regierung taten nichts, um für die Menschen, die hier lebten, eine Verbesserung herbeizuführen. Die Menschen hier draußen würden gerne auf die Straße gehen und den Verantwortlichen ins Gesicht schreien, dass auch sie ein Recht haben auf ein menschenwürdiges Leben. Seit Generationen habe sich nichts verändert. Jede Regierung machte große Versprechungen, doch wenn sie einmal gewählt wurde, waren alle Wahlversprechen ganz schnell vergessen. Wer die Macht hat, bedient sich der Gewalt und Korruption.
   Hier, weitab der Stadt, lag in der Einöde eingebettet, ein kleines Dorf. Es bestand aus einigen kleinen schäbigen Häusern, deren Fensterläden immer zugezogen waren, um sich vor der sengenden Hitze zu schützen. Kalk und Staub trübten in der lähmenden Hitze den Blick, sodass man kaum

etwas sehen konnte. Niemand war draußen auf dem lehmigen Platz. In diesem Dorf lebte bescheiden Bella Bonzo mit seiner Frau. Ein kleiner alter Mann, mit einem alten staubgrauen Gesicht und scharfen, schwärzlich dunklen Falten, die ihm über seinen Nacken liefen. Seine Kinder, die alle aus dem Hause waren, gingen in die Stadt, wo sie sich bessere Zukunftsperspektiven versprachen. Nur der jüngste Sohn Bonzos lebte noch zu Hause. Er schmiedete mit seinen engsten Anhängern Pläne für eine Demonstration gegen die gegenwärtige Regierung. Er wollte und konnte sich nicht resigniert zurücklehnen und gar nichts tun. Er hatte viele Ideen und Visionen, mit der er die Zukunft verändern wollte. Er hatte ein Ziel und dafür lohnte sich zu kämpfen. Im ganzen Land waren die Menschen sehr unzufrieden und fühlen sich von der Regierung betrogen. Nur gemeinsam sind sie stark, konnten etwas bewegen und verändern. Das größte Versprechen der Regierung war die Unabhängigkeit. Unabhängig wollten sie sein. Er wusste, sie konnten es besser machen als diese Regierung. So bereitete er mit seinen Helfern eine große Demonstration vor. Ein großer Teil der Bevölkerung war bereit dazu, auf die Straße zu gehen, für ihre Ideale einzustehen, sie einzufordern und sich gegen diese Regierung aufzulehnen. Doch die Regierung wurde auf ihn und seine Leute aufmerksam, nannten sie Saboteure, die überall für Unruhe sorgten. Die Regierung, die einen großen Schaden für sich befürchtete, duldeten hingegen keine Kritik und solche Unruhen konnte sie nicht gebrauchen. So schickten sie eines Tages Soldaten in dieses trostlose Dorf, um die Saboteure und Unruhestifter zu verhaften.

Dann erreichten die Soldaten eines Tages das Dorf von Bella Bonzo und der Anführer klopfte an seine Tür. Im Innern des Hauses rührte sich nichts. Dann wurde heftiger und eindringlicher geklopft und an der Tür gepoltert. So öffnete der Hausherr einen kleinen Spalt die Tür. Der Anführer der Soldaten fragte Bonzo harsch: „Wir suchen deinen Sohn!" Sehr vorsichtig und bestimmt antwortete er: „Mein Sohn wohnt nicht hier!" Doch der Anführer wiederholte sehr laut: „Wir haben Informationen, dass dein Sohn sich hier versteckt!"

Bella Bonzo ignorierte die Einwände des Anführers, wollte die Tür wieder schließen und verriegeln. Er kam nicht mehr dazu. Diese Tür, die kaum stabil genug war, Widerstand zu leisten, wurde von den Soldaten mit Gewalt aufgestoßen. Bella Bonzo wurde zurückgestoßen und er sowie seine Frau wichen weiter zurück ins Innere des karg eingerichteten Hauses.

Die Soldaten betraten das Haus und befragten noch einmal sehr eindringlich Bonzo und seine Frau, die ihren Kopf mit einem Kopftuch bedeckte: „Wo ist dein Sohn!" Beide beteuerten: „Wir wissen nicht, wo sich unser Sohn aufhält. Er muss irgendwo in der Stadt sein."

Einer der Soldaten löste sich aus der Gruppe und trat auf die Frau zu, nachdem ihm der Anführer mit einem Kopfnicken ein Zeichen gab. Er ging auf die Frau zu und gab ihre zwei kräftigen Hiebe ins Gesicht. Bonzo zuckte zusammen und sah beschämt zu Boden. Er konnte nichts tun. Lähmende Ohnmacht und Hilflosigkeit sowie auch Wut machten sich breit. Er konnte ihr nicht helfen. Warum schlägt er nicht ihn? Als er nicht reagierte und auch keine Erklärung zum Verschwinden seines Sohnes gab, bekam die Frau noch einige Hiebe. Sie brach zusammen und kauerte gekrümmt auf einem Stuhl. Leise schluchzte sie vor sich hin. Der alte Mann hätte sich eher die Zunge abgebissen, als den Soldaten und dem Anführer den Aufenthaltsort seines Sohnes zu verraten. Er wusste, was das für seinen Sohn bedeuten würde. Ihre Kinder waren das Einzige, woran ihnen Beiden viel lag. Sie hingen mit inniger Liebe an ihnen und würden alles für sie tun, damit keinem von ihnen ein Leid geschähe. Er dachte an die glücklichen Zeiten, als sie noch klein waren und sie mit ihnen noch viel lachten, trotz der schweren Zeiten damals. Er war für seinen Sohn bereit, diese Gewalttaten zu ertragen. Es tat ihm leid, dass seine Frau das erdulden musste.

Zwei Soldaten traten an ihn heran und gaben ihm mit dem Gewehrkolben einen Hieb ins Gesicht. „Ich frage Dich noch einmal, wo ist dein Sohn?"

Durch den kräftigen Schlag fiel er fast zu Boden und verharrte in der gebückten Stellung. Dabei hielt er sich die geschlagene Seite seines Gesichtes mit der Handfläche fest und blickte langsam zu ihm auf. Bevor er sich versah, folgten der nächste Schlag und gleich noch einer hinterher. Der Schmerz war unerträglich. Bonzos Kopf dröhnte und klopfte, als wäre er in einen Schraubstock geraten. Er spürte Blut in seinem Mund und aus seiner Nase tropfen. Plötzlich spürte er etwas Hartes in seinem Mund. Es war ein gebrochener Zahn.

Mit dem Gewehr in der Hand gab der Anführer zwei weiteren Soldaten einen Wink und ein Zeichen, ins Innere des Hauses zu gehen. Sie fingen mit der Durchsuchung des Hauses an. Alle Räume, Schränke und auch die Abstellkammer wurden durchsucht. Dann fanden sie Bonzos Sohn hinter den vollbeladenen Regalen in der Abstellkammer und zerrten ihn hervor. Sogleich wurden ihm die Handschellen angelegt und die Soldaten verschwanden mit ihm in dem großen Fahrzeug, mit dem sie gekommen waren.

Unter Androhung neuer Gewalt gaben sie Bonzo und seiner Frau genaue Anweisungen. Der Anführer ergriff erneut das Wort: „Wenn du nicht willst, dass deinem Sohn etwas passiert, dann hast Du etwas gutzumachen. Die Regierung muss rehabilitiert werden. Das siehst du doch ein?" Er machte eine Pause und sprach dann weiter: „Die Regierung wird Journalisten einladen, die kommen werden, um dir viele Fragen zu stellen. Ihr solltet inzwischen dein Haus ganz neu gestrichen haben. Du willst doch sicher zeigen, wie zufrieden du mit dieser Regierung bist und wie gut es euch geht. Den Journalisten beantwortest du glaubwürdig alle Fragen, du bist ein Freund dieser Regierung. Du, deine Frau und jeder Einzelne in diesem Dorf." Dabei betonte er jede Silbe.

„Was du hast und was du bist, verdankst du dieser Regierung. Das ist doch richtig?" Er sah ihn eindringlich und scharf an und sprach weiter: „Du leugnest, einen Sohn zu haben. Denn, wenn du das nicht tust, könnte deinem Sohn und ihnen beiden etwas zustoßen. Hast du das verstanden?" Nachdem Bonzo nicht sofort antwortete, kamen zwei der

Soldaten mit dem Gewehr im Anschlag auf ihn zu und zielten auf ihn. Noch einmal wiederholte der Anführer: „Hast du das verstanden? Antworte!" Bonzo senkte den Kopf und nickte nur. Die Soldaten und der Anführer verließen zufrieden das Haus und überließen die beiden Alten ihrem Schmerz.

Das Haus der Bonzos wurde ganz weiß gestrichen, die Augen wurden geblendet und fast blind von den weißen Wänden im grellen Sonnenlicht. Dann kam eines Tages ein ganz neuer Bus mit den Journalisten, die Bonzo befragten. Er beatwortete willig ihre Fragen sehr bestimmend und fest, teilweise zu Boden blickend, teilweise zu ihnen aufschauend mit einem Blinzeln in den Augen und einem geheimnisvollen leichten, kaum erkennbarem Schmunzeln, auch wenn es ihm dabei fast das Herz brach. Doch das ließ er nicht erkennen. Wer die Sprache der Gestik verstand, erkannten die wahren Beweggründe. Beim Abschied übergab er dem letzten Journalisten bei dem Händedruck eine Papierkugel. „Danke, dass sie da waren."

Der Journalist nahm das in die Hand gedrückte Teil und steckte es unauffällig in die Jackenasche. Niemand bemerkte etwas. Erst in der Stadt in seinem Hotelzimmer holte er das zusammengedrückte Papier hervor und wickelte es auseinander. Darin fand er einen ausgeschlagenen Zahn, den ihm Bonzo zugesteckt hat. Mit dieser Geste wurden alle offenen Fragen beantwortet.

Das verlassene Kind

Welche Ängste und Zweifel
mich immerzu plagen
so vieles möcht' ich beginnen und wagen
doch habe ich Angst
völlig zu versagen
die Gewissheit, wenn ich sie hätt'
sie wäre für mich
des Goldes wert

Der Stachel, den Mutter für immer gesetzt
ganz tief in die Seele
für immer ganz fest
damit genug Zweifel stets an mir nagen
was würde ich geben
um sie zu zerschlagen

Geliebte Mutter, wie konntest du nur
mich schon von Geburt an

für immer verlassen

umso größer

die Liebe zu dir

grenzenlos meine Sehnsucht nach dir

niemand kann sie ermessen

Ausbruch aus dem Gefängnis

Ich war Taxifahrer und hatte an dem Abend um zwanzig Uhr gerade meine Nachtschicht begonnen. Ich ahnte noch nichts von den Geschehnissen und Aufregungen, die mich an diesem Abend einholen sollten. Es war ein Donnerstag, irgendwann im Oktober in den achtziger Jahren und schon sehr kalt für die Jahreszeit. Die Winterreifen waren schon aufgezogen. Wenn der erste Frost kam, musste man dafür gerüstet sein. Es konnte auch urplötzlich schon der Winter einbrechen und Schnee fallen. Das haben wir oft genug erlebt. Zu der Zeit hatten wir noch richtige Winter und der Schnee überraschte uns oft genug. Plötzlich war es über Nacht weiß geworden und morgens brach ein furchtbares Chaos auf den Straßen aus, weil noch viele ihre Fahrzeuge nicht für den Winter aufgerüstet hatten.

An diesem Abend saßen die meisten um diese Zeit gemütlich zu Hause, hatten gerade das Abendbrot zu sich genommen, saßen nun vor dem Fernseher und sahen sich das leidliche Abendprogramm an. Das war schon damals recht schlecht. Man kann es wirklich vergessen. Was die Bosse vom Fernseher mit dem ganzen Geld wohl machen, das fragt man sich ernsthaft. Wer gerne liest, der nimmt sich lieber ein gutes und spannendes Buch in die Hand und stöbert darin herum. Dort kann man in den Geschehnissen und Ereignissen versinken und abtauchen. Ich mach das gern von Zeit zu Zeit. Es gibt nichts Schöneres, als sich einem Buch ganz hinzugeben.

Nur ein paar vereinzelte Fahrten wurden über Funk rausgegeben. Leute, die sich nach Hause fahren ließen oder aber in eine Gaststätte. Meine Frau war inzwischen zu Hause, sie hatte einige Stunden in der Tagesschicht gefahren. Ich war dankbar, dass sie es beruflich mit dem Taxigewerbe so mittrug. Sonst hätte ich einen neuen Beruf erlernen müssen, um uns zu ernähren. Die Ärzte rieten mir ab, meinen Beruf als Bäcker und Konditor weiter auszuüben. Mein Kreuz machte nicht mehr mit. Ich war inzwischen zweimal an den Bandscheiben operiert worden. Wirklich ein Elend.

Im Funk herrschte an diesem Abend tödliche Stille, es war noch relativ ruhig. Nachdem ich eine Fahrt in E-Werden bekam, die mich nach E-Rüttenscheid führte, platzierte ich mich am Bahnhof-Süd. Irgendwann hatte ich den ersten Platz. Hinter mir standen noch zwei Kollegen. Der Kollege direkt hinter mir kam zu mir und setzte sich in meinen Wagen. Wir unterhielten uns. Denn ich musste im Wagen sitzen bleiben, da ich über Funk die Fahrt als Nächster annehmen musste, wenn der Halteplatz gerufen wurde. Willi setzte sich also in meinen Wagen. Wir redeten über Fußball, wie konnte es anders sein. Bayern und Schalke lieferten sich schon damals ihre Duelle auf dem Fußballplatz und waren Konkurrenten. Über Funk kam mitten in unserem Gespräch unterdessen eine Warnmeldung der Polizei. Wir wurden aufmerksam. Die Polizei warnte vor einem gefährlichen Ausbrecher aus dem Gefängnis, der in Richtung Bahnhof-Süd unterwegs sein sollte. Es wurde die Beschreibung zu seiner Kleidung und zu seiner Person gegeben. Er war etwa 40 Jahre alt, 1,80 m groß und von schlanker Statur. Er trug eine braune Wildlederjacke mit Fransen an den Ärmeln, dazu braune Wildlederstiefel. Es wurde vor ihm ausdrücklich gewarnt. Der Täter wäre sehr gefährlich, zudem sei er bewaffnet und würde von der Schusswaffe jederzeit Gebrauch machen. Niemand sollte selbst etwas Unternehmen und sich in Gefahr bringen, bat die Polizei ausdrücklich. Die Gegend um Bahnhof-Süd wäre weiträumig umstellt. Wer den Verdächtigen sähe, möchte sofort mit Standortangabe einen Hinweis an die Polizei geben. Während noch die Durchsage der Zentrale durchgegeben wurde, sahen Willy und ich vom Bahnhof-Süd einen Mann auf meinen Wagen zukommen, auf den die Beschreibung der Polizei haargenau passte. „Sieh mal, Willy, das ist doch der Mann, den sie suchen. Der wird doch jetzt nicht mit dem Taxi weiterfahren wollen? Steig aus." Der Mann steuerte auf meinen Wagen zu. Willy stieg aus meinem Wagen. Bevor er einstieg, drückte ich die Fußtaste, der daran gekoppelte Funk war an. Die Zentrale konnte von dem Moment an alle Gespräche in meinem Fahrzeug mitverfolgen. Die Taxis waren alle mit einem Funk ausgestattet. Die meisten Geräte hatten eine Handtaste, die wie ein Blinker zu bedienen war. Mein Wagen hatte eine Fußtaste, mit dem der Funk bedient wurde. Das war in diesem Fall mein großer Vorteil. Dass die Fußtaste eingeschaltet war, konnte niemand erkennen. Der Verdächtige kam näher und fragte: „Sind Sie frei?" Nachdem ich es bestätigte, stieg er ein. Ich fragte ihn: „Wo wollen Sie denn hin?" Er nannte kein Ziel „Fahren Sie einfach die Müller-Breslau-Straße herunter, ich sage ihnen dann rechtzeig, wo es lang geht. „Wir fuhren bis zur Kreuzung, als er verlangte: „Fahren sie rechts!" Ich fuhr die Müller-Breslau-Straße runter und wir fuhren auf die Ampel an der Kreuzung zu. Die Ampel stand auf Rot. Der hektische Befehl meines Fahrgastes, als er bemerkte, dass ich langsamer wurde, ertönte harsch: „Geben sie Gas, fahren sie über die Ampel!" Plötzlich hatte er eine Waffe in der Hand, die er mir an den Kopf hielt. Ich konnte es nicht glauben. Wie bin ich in diese furchtbare Situation geraten? Wie komme ich hier bloß wieder raus? Diese Fragen gingen mir laufend durch den Kopf. Ich fuhr schneller, wenigstens 80 km die Stunde und beschleunigte weiter. „Fahren Sie die nächste Straße rechts in die Julien-Straße." O Gott, erschrak ich, das war doch eine Einbahnstraße. Ich fuhr trotzdem, ich hatte keine andere Wahl. Inzwischen war die Polizei hinter uns. Ich fuhr zu schnell, die Reifen quietschten, der Wagen legte sich zur Seite, als ich die Kurve nahm. Ich fuhr, was das Zeug hergab. Ich hatte das Gefühl, das Auto könne im nächsten Moment ausbrechen. Gott sei Dank, es kam uns niemand entgegen! Mein Fahrgast wurde nervös und sehr hektisch: „Geben sie Gas, los schneller!" Doch hier ging es nicht mehr weiter. Denn am Ende der Straße standen unzählige Polizeifahrzeuge. Die Straße war dicht. Ich zitterte am ganzen Körper. Ich hatte furchtbare Angst. Würde ich hier jemals heil rauskommen? Wie würde das wohl enden? Mir wurde ganz übel. Ich konnte nur noch bis zur Absperrung der Straße fahren. Es gab kein Entkommen. Von allen Seiten wurde mein Fahrzeug von der Polizei flankiert und begleitet. Wir waren von Polizeifahrzeugen umstellt. Ich sah nur noch Blaulicht. Die Nacht war nachgerade in Blaulicht getränkt. Vorne, hinten, an den Seiten; überall wimmelte es von Polizei. Ich habe noch nie so viele Polizeikräfte und -Fahrzeuge auf einem Fleck gesehen. Es war beängstigend. Wir waren buchstäblich von der Polizei umstellt. Es gab kein Entkommen. Es war wie in einem Krimi. Die Polizeibeamten sprangen und stürzten von allen Seiten über mein Fahrzeug. Ich drückte meine Fahrzeugtür auf und sprang mit zitternden Knien so schnell ich konnte aus meinem Wagen. Ich zitterte so sehr am ganzen Körper, dass man mein Gebiss hätte klappern hören können. Die Polizeibeamten beruhigten mich immer wieder und lobten meinen Einsatz. Das hätte ich richtig gut gemacht. Der Polizeibeamte nahm mich hinter sich, um mich zu schützen. Der Fahrgast in meinem Taxi wurde von den Beamten aus dem Fahrzeug geholt und mit Handschellen versehen in einem Polizeiwagen untergebracht. Ich war in Sicherheit. Gott sei Dank. Es war kaum zu glauben, aber ich war tatsächlich in Sicherheit. Doch ich befand mich in einem vollkommenen Ausnahmezustand. Ich nehme an, ich hatte einen schweren Schock. Ich fror wie ein Schneider, mir schlotterten die Knie und ich zitterte am ganzen Körper. Ich war zu nichts in der Lage. Nach diesem Erlebnis war das wohl kein Wunder. Als ich nach Hause kam und mein Erlebnis mit meiner Frau teilte, konnte sie es kaum fassen. Sie war glücklich, mich unversehrt an ihrer Seite zu haben. Ich war erleichtert und dankbar, dass meine Frau keinen Dienst hatte und dieser Situation ausgesetzt war. Am nächsten Tag stand ein Bericht über diese Verfolgungsjagd ganz groß in der Zeitung. Sie schrieben, er saß wegen eines Bankraubes und schwerer Körperverletzung ein. Er hatte seine Strafe noch nicht ganz abgesessen und wanderte für weitere zehn Jahre wieder ins Gefängnis.

Leidende Seele

Wie ein verkrüppeltes Kind
nach Liebe lechzend
bin durch die weite Welt gehetzt
niemand in meine Seele
den Einblick gewährt
nur mein war der Schmerz

Wie konntest du nur
dein eigenes Fleisch und Blut
so schmählich verlassen
wie konntest du nur

Die Liebe der Donna Giovanna

Voller Sorge verließ Donna Giovanna ihren Sohn, der sehr schwer erkrankt war. Sie war bereit, für ihn den schweren Weg auf sich zu nehmen, um seine Genesung herbeizuführen, denn er hatte einen außergewöhnlichen Wunsch geäußert, den sie ihm erfüllen wollte. Es plagte sie die Sorge, er könne diese Krankheit nicht überleben. Donna Giovanna trat aus ihrem hochherrschaftlichen Haus hinaus, ging die Treppe hinunter und betrat den Weg, der aus dem Anwesen hinausführte. Vor ihr lag ein großzügig angelegter Garten, mit Bäumen und Sträuchern bewachsen, die ins Unendliche wucherten. An diesem Tag war der Himmel wolkenfrei die Sonne stach schon und versprach einen warmen sommerlichen Tag. Schon recht früh am Tag machte sie sich, in Begleitung ihrer Hausdame, auf den Weg zu einem Spaziergang zum kleinen Anwesen des Frederico Alberghini. Der Weg führte sie durch ein offenes Gelände mit blühenden Wiesen, hier und da einigen Sträuchern, wild gewachsenen Fliederbäumen und einem kleinen Wald. Als er noch sehr vermögend war und in Florenz lebte, gab er große rauschende Feste und warb in großem Stil um ihre Gunst. Sie verschmähte ihn standhaft, wie jeden anderen ihrer Bewerber. Sie war die schönste Frau ihrer Zeit in der Gegend von Florenz. Nachdem er sein Vermögen so leichtsinnig verschwendete, um sie zu beeindrucken und ihr zu gefallen, lebte er sehr zurückgezogen auf seinem Landsitz und war in der Bescheidenheit eines kleinen Mannes mit seinem Leben und mit dem, was ihm noch übriggeblieben war, zufrieden. Doch die Liebe, die er für Donna Giovanna empfand, konnte er nicht aus seinem Herzen verbannen. Er tröstete sich damit, dass sie auch niemand anderem ihre Gunst erwiesen hatte. Das Wertvollste, das ihm geblieben war, war sein Falke, der als der Wertvollste auf der Welt galt. Mit diesem Falken verdiente er seinen Unterhalt, der ihn ernährte.

Als Donna Giovanna und ihre Begleitung am Fredericos Landsitz ankamen, ließ sie sich anmelden. Frederico befand sich im Garten, wo er verschiedene Arbeiten verrichten ließ. Als er hörte, dass Donna Giovanna nach ihm fragen ließ, lief er ihr freudig entgegen, obwohl er gleichzeitig auch sehr überrascht und verwundert war. Anmutig trat sie ihm entgegen und begrüßte ihn freundlich: „Guten Morgen, Frederico. Ich bin gekommen, um dich von den Leiden der Vergangenheit zu entschädigen, die du meinetwegen erlitten hast, da du mich mehr liebtest, als es für dich gut war. Ich möchte es dir damit vergelten, dass ich mich mit meiner Begleitung heute Mittag bei dir zu Gast lade." Bescheiden erwiderte Frederico: „Ich erinnere mich nicht, dass mir durch Sie ein Leid zugefügt wurde. Ich erfuhr aber so viel Gutes, dass mich ihre Gegenwart und Nähe sehr glücklich macht. Ganz sicher ist mir ihr ehrenvoller Besuch besonders wertvoll. Ich würde mein Vermögen noch einmal dafür verschwenden, wenn ich es könnte. Doch der Wirt, zu dem sie gekommen sind, ist arm."

Er führte sie ganz schüchtern durch sein Haus und brachte sie in den Garten, wo er sie und ihre Begleitung bat, Platz zu nehmen und zu warten. Da es sonst niemanden gab, der ihnen Gesellschaft leisten konnte, bat er eine Arbeiterfrau, ihnen Gesellschaft zu leisten und die Zeit mit Unterhaltung zu vertreiben. Bis zu diesem Moment hatte er seine Armut noch nie so bitter empfunden. An diesem Vormittag jedoch lief er voller Verzweiflung umher und verwünschte sein Elend, da er in seinem Haus nichts Geeignetes fand, um die Dame seiner Verehrung bewirten zu können. Freunde oder seine Arbeiter wollte er nicht um Hilfe bitten, das war ihm doch zu peinlich. So fiel sein Blick auf seinen Falken, der in dem Zimmer auf der Stange saß. Der Vogel war wohlgenährt, und so hielt er es auch für angemessen, ihm seiner Auserwählten in seinem Haus als Speise vorzusetzen. Er überlegte nicht lange, da ihm nicht viel Zeit verblieb, tötete den Vogel und ließ ihn rupfen und am Spieße braten. Als er fertig war, versah er den Tisch mit einer weißen Leinendecke und deckte die Tafel ganz festlich. Nachdem der Tisch mit allen Gaben gedeckt war, setzte sich Federico mit der Dame seines Herzens und deren Begleitung an den Tisch. Sie verspeisten gemeinsam den wertvollen Falken. Nachdem sie zu Ende gespeist hatten, hielt Donna Giovanna es für angebracht, Frederico zu offenbaren, aus welchem Grund sie ihn aufsuchte. „Wenn du dich an frühere Zeiten erinnern wirst, als du mich so standhaft umworben hast, wirst du es für vermessen halten, wenn ich dir offenbare, worum ich dich heute bitten möchte. Wie du weißt, habe ich einen Sohn, der auch dir gut bekannt ist. Mein Sohn, den ich über alles liebe, dem ich jeden Wunsch erfüllen und alles in meiner Macht Stehende tun würde, um ihn glücklich zu machen, ist schwer erkrankt. Auch wenn du selbst keine Kinder hast, so bin ich überzeugt, dass auch du viel Liebe für deine Kinder empfinden würdest und mich und meine Beweggründe verstehen kannst. Ich befürchte, wenn ich ihm seinen Wusch nicht erfüllen kann, könnte er durch die Erkrankung sein Leben verlieren. Er wünscht sich nichts sehnlicher, als deinen Falken zu besitzen, der ihm so gut gefällt. Ich bin hier, um an deine Großmut und an deinen ritterlichen Anstand als Ehrenmann zu appellieren, den du in der Vergangenheit freigebiger als jeder andere zur Genüge bewiesen hast, und bitte dich, mir den Falken zu schenken, damit ich später sagen kann, dass du meinem Sohn auf diese Weise das Leben gerettet hast und er dir für immer verpflichtet sein wird."

Fredericos Gesicht wurde blass und Tränen schossen ihm in die Augen und rannen ihm die Wangen herunter. Es entstand der Eindruck, als würde er vor Schmerz weinen, weil er seinen geliebten Falken hergeben sollte. Als sie die Trauer sah, wollte sie den Falken nicht mehr haben. Sie wartete ab, bis er sich gefasst hatte und zu sprechen begann: „Seitdem ihnen meine ganze Liebe gehört und ich um sie warb, hat mir das Schicksal so manchen schmerzhaften Streich gespielt. All das ist nichts gegen den Schlag, den es mir heute versetzt. Als ich hörte, dass sie in eurer Güte bei mir speisen wollten, erinnerte ich mich an ihren Adelsstand und hielt es für angebracht und angemessen, so gut es mir möglich war, sie mit einer besonders köstlichen Speise zu ehren. So habe ich ihnen den Falken, um den sie mich baten, als Mahl bereitet. Sie haben ihn heute gebraten verzehrt, und ich glaubte, ihn auf die beste Art verwendet zu haben. Aber nun sehe ich, sie hätten ihn auf eine andere Weise viel lieber gewünscht. Dass ich eurer Bitte nicht mehr entgegenkommen kann, schmerzt mich zutiefst. Darüber werde ich nie mehr hinwegkommen können."

Gottes Kraft

Viel Kraft brauchte ich
von Gott mir gegeben
Hoffnung und Glaube
um nicht zu versagen
Hoffnung und Zuversicht
um nie zu beklagen

Wage nicht Zweifel zuzulassen
sie würden ewig an mir nagen
die bösen Geister muss ich
auf ewig vertagen

Die große Liebe
und der Glaube an mich
gibt mir die Kraft
und die Zuversicht

Unterwegs

In den 1980er Jahren planten wir einen Urlaub an die Adria. Es war ein wunderschöner Sommer, den wir damals hatten. Meine Schwester und ihr Mann fuhren jedes Jahr nach Porec in Jugoslawien und waren begeistert von dem Ort, der Küste und dem wunderbaren Strand. Sie hatten ein Motorboot, das sie beabsichtigten mitzunehmen.

Nun planten unser Schwager und mein Mann im Stillen und Verborgenen die Einzelheiten, von denen ich zunächst keine Ahnung hatte und auch nichts erfahren sollte. Unsere Kinder waren vor Vorfreude außer Rand und Band, völlig aufgedreht und kaum zu bremsen. Sie freuten sich ungeheuer auf den Urlaub und vor allem auf den Spaß im Meer. Alles würde viel mehr Spaß machen, da auch unsere Nichte Adeline, die zwar einige Jahre jünger war als unsere Kinder, mitkommen sollte. Gemeinsame Abenteuer, Spielen, Tauchen und Toben im Meer lockten und waren für alle eine großartige Vorfreude. Ich wusste zu dem Zeitpunkt ja noch nicht, was die beiden Männer aushecken. Aber, um ehrlich zu sein, stand dieser Urlaub von Beginn an unter einem besonders schlechten Stern, und sollte ein einziges Chaos werden. Das konnte ich in der Planungsphase allerdings noch nicht erkennen. Denn diesen Urlaub hätten wir besser nie angetreten.

Alle Vorbereitungen liefen schon Wochen im Vorfeld auf Hochtouren. An vieles musste gedacht werden. Beim Packen kamen allerdings schon die ersten Überraschungen. Da kam mein Mann zunächst schon mal mit der Hiobsbotschaft, dass wir noch ein „kleines Detail" mitnehmen mussten. Was für ein kleines Detail? Na wunderbar! Damit fingen die Diskussionen an. Als ich erfuhr, dass wir für unseren Schwager Uwe den Motor für sein Boot mitnehmen sollten, bin ich fast aus den Latschen gekippt. Das steckte also hinter der Geheimnistuerei.

Das „kleine Details", also den sperrigen Motor, der nicht gerade klein war, sollten wir bei uns im Kofferraum unterbringen. Das wäre doch eine Kleinigkeit, hieß es. Wie bitte? Er selbst wollte das Schlauchboot mitnehmen? Das ließ sich übrigens gut zusammenlegen und verpacken und nahm nicht einmal viel Platz in Anspruch. Ich war begeistert. Natürlich waren die Kinder und auch alle übrigen ganz verrückt danach, Wasserski zu laufen. Na, das fing ja gut an! Meine Einwände – von wegen Platz und Gewicht und Aufwand und überhaupt … - ließ mein Mann nicht gelten. Was trieb ihn eigentlich um?

Egal, was ich sagte oder tat, ich hatte keine Chance dagegen anzukommen. Denn auch mein Mann war ein begeisterter Wasserskiläufer. Aber, es kam noch „besser". Der Motor war so sperrig, dass wir keine Koffer mehr unterbringen konnten. Wir hatten damals einen Volvo, der eigentlich schon reichlich Stauraum hatte. Um besser und mehr einpacken zu können, haben wir die Sachen nicht in unsere Koffer, sondern in einzelne Tüten verpackt und sie im Kofferraum verstaut. Ja, so ging es dann irgendwie.

Ich hatte große Sorge, dass alles gutgehen würde. Denn ich gab zu bedenken, was derzeit an der Grenze los war. Gerade damals wurde an den Grenzübergängen stark kontrolliert. Kurz zuvor war Tito, das damalige jugoslawische Staatsoberhaupt gestorben, und alle waren sehr nervös. Die Grenzen wurden abgeschottet und dichtgemacht. Grenzleute standen dort mit Gewehren. Wenn wir in eine Kontrolle kamen, was dann? Der Kommentar meines „Göttergattens": „So schlimm wird es schon nicht werden."

Ich musste es also tatsächlich darauf ankommen lassen. Ich hatte gehofft, dass der Optimismus meines Mannes siegen würde und das Glück auf unserer Seite war. Dass es noch schlimmer kommen sollte, war eigentlich kaum anzunehmen, aber genau das geschah. Wir waren kurz vor Reiseantritt, als ich feststellte, dass der Funk noch nicht ausgebaut war. Unser Wagen war im täglichen Leben als Taxi im Einsatz und von daher entsprechend ausgestattet. Ich war fassungslos. Wie konnte mein Mann das übersehen? Ich bat ihn, unter allen Umständen den Funk herauszunehmen. Gerade jetzt, wo alle an den Grenzübergängen so überreagierten. Er aber sah die Notwendigkeit nicht. Das ginge nicht, war seine Ausrede, zu viele Umstände, zu viel Arbeit, keine Zeit. Er würde das schon regeln und gut abdecken, sodass es niemand bemerken würde. Ich konnte nur noch mit dem Kopf schütteln. Diese neue Seite an ihm kannte ich noch nicht! Ich ließ es also geschehen.

Wir brachen also in den Abendstunden auf und wollten die Nacht durchfahren. Für die Kinder war es gut, denn sie konnten schlafen und mussten sich nicht die Zeit vertreiben.

Mit den Kindern hatten wir glücklicherweise nie große Probleme auf Reisen. Nachts war außerdem nicht so viel Verkehr, wir konnten gut durchfahren. Die deutsch-österreichische Grenze konnten wir problemlos überqueren. Doch die österreichisch-slowenische Grenze wurde heikel. An der Grenze bildete sich tatsächlich eine Schlange. Wir sahen, dass alle Fahrzeuge vor uns kontrolliert wurden. Es wurde uns langsam mulmig. Oh, Gott! Langsam ging es voran, bis wir dran waren und zum Beamten vorfuhren. Mein Mann hatte die Fensterscheibe heruntergedreht, als der Beamte ihn fragte: „Haben Sie was zu verzollen?" Mein Mann verneinte. Der Beamte schaute weiter in den Wagen rein, beugte sich vor und sah nach hinten. Er sah unsere Kinder, die selig schliefen. Noch ein Blick zu mir, dann gab er uns die Pässe zurück und wir durften weiterfahren.

Die erste Grenze war geschafft. Wir rollten weiter und warteten, bis wir auch hier dran waren. Dann fuhren wir zu dem Beamten vor. Mein Mann gab ihm die Pässe. Auch er fragte sofort, ob wir was zu verzollen hätten. Mein Mann verneinte. Der Beamte bat ihn auszusteigen und den Kofferraum zu öffnen. Meine Anspannung steigerte sich ins unermessliche. Auch ich stieg aus und blieb neben dem Wagen stehen, um dem Geschehen zu folgen. Als mein Mann den Kofferraum öffnete, sah der Beamte unser Reisegepäck in Tüten verpackt zusammengedrückt übereinander liegen. Den Bootsmotor hatte mein Mann mit einer Decke abgedeckt und noch einige Sachen drumherum und darüber gelegt, um die Ecken auszufüllen. Der Beamte klappte hier und da einzelne Abdeckungen hoch und sah darunter. Ich hatte den

Eindruck, dass ihm alles doch etwas seltsam vorkam. Mir wurde es heiß, denn er stöberte verdammt nah am Motor herum. Einen Moment glaubte ich, er hätte den Motor aufgedeckt und wir wären entlarvt. An wirklich vielen Stellen hat er nachgesehen, bis er dann aufgab und wir den Kofferraum endgültig wieder schließen durften. Meine Anspannung war zum Zerreißen gespannt. Als wir schließlich in den Wagen stiegen und weiterfuhren, war ich erleichtert und restlos erschöpft. Dann fragte ich: „Wo hast du denn den Motor versteckt? Ich dachte schon, sie hätten ihn entdeckt." Er erklärte mir, dass er ganz nah am Motor gewesen sei. Ich schloss vor Erleichterung die Augen. Nun konnten wir beruhigt weiterfahren. So hatten wir auch Österreich hinter uns und waren in Slowenien. Wir fuhren durch ein paar kleinere Orte und machten dann erst einmal Pause.

Wir waren die ganze Nacht unterwegs gewesen und schon ein wenig übermüdet. Doch mein Mann behauptete, noch fit zu sein. So versorgten wir uns nur mit einem Kaffee, bevor es weiterging. Wir kamen weiter zügig voran, bis wir unterhalb von Rijeka die Küstenstraße erreichten. Doch wie auch in Österreich gab es hier noch nicht das ausgebaute Autobahnnetz. Langsam wurde ich doch müde und war erschöpft. Trotzdem passte ich auf, ob mein Mann noch wach genug war, um weiterzufahren. Ich fragte natürlich: „Willst du nicht eine Pause einlegen? Du musst doch müde sein."

„Nein, mir geht es gut. Ich bin total fit!", versicherte er. Und doch wurde ich unsicher, denn irgendwie fuhr er mir zu schnell für diese Küstenstraße. Die sind an vielen Stellen sehr gefährlich und oft sehr kurvenreich. Da ich die Karte vor mir hatte und aufpasste, dass wir die richtige Strecke fuhren, stellte ich irgendwann fest, dass wir es bis zum Ziel nicht mehr so weit hatten. Es waren nur noch wenige Kilometer. Wir näherten uns endlich unserem Ziel. Ich bat meinen Mann etwas langsamer zu fahren, zumal es vorher geregnet hatte. Die Sonne strahlte trügerisch vom Himmel, doch die Straße war noch nass. Da entdeckte ich plötzlich einen merkwürdigen, fast schaumigen Belag auf dem Asphalt. Man konnte die feinen Bläschen und den Film auf der Fahrbahn erkennen. Ich warnte ihn noch, ganz langsam zu fahren, denn ich erkannte in dieser Kurve eine große Gefahr. Die Strecke vor uns führte in eine Haarnadelkurve. Der Bordstein seitlich war außerdem doppelt so hoch wie gewöhnlich. Aber da war es schon zu spät. Als mein Mann in die Kurve fuhr, merkte ich nur noch, dass er in der Beuge nicht die Kurve bekam. Der Wagen fuhr plötzlich direkt in der Mitte der Biegung nur noch geradeaus auf den hohen Berg zu, der vor uns lag. Dann rumste er über den hohen Bordstein, fuhr weiter geradeaus, bis er direkt vor einem hohen Felsen endlich zum Stehen kam. Danach hörten wir nur noch, wie sich der Wagen wieder auf die vier Reifen setzte.

Was gerade geschehen war, konnten wir kaum fassen. Wir merkten, dass der Wagen hinten nach unten hing. Ich war sicher, dass der Bootsmotor mit seinem Gewicht viel dazu beigetragen hatte, dass dieser Unfall geschehen konnte.

Nun saßen wir hier, völlig übernächtigt und übermüdet, langsam hungrig, durstig und erschöpft. Die Kinder waren natürlich aufgewacht und fragten verängstigt, was denn passiert sei. Nach einer Weile stiegen wir aus, um den Schaden zu begutachten. Ich sah mir den Wagen an, wahrscheinlich war die Achse gebrochen. Dann ging ich zur Straße und versuchte einige Schritte darauf zu gehen. Ich stellte fest, dass die Straße furchtbar glatt war. „Das ist ja so glatt wie Schmierseife."

Wir hatten wohl wirklich keine Chance gehabt, diese Kurve richtig zu kriegen. Die Nässe, das Salz und vielleicht auch die Verbindung mit Blütenstaub hatte die Straße zu einer Rutschbahn werden lassen. Wir stellten uns an den Straßenrand, um auch andere Autofahrer zu warnen. Ein Fahrzeug wäre uns dabei fast noch hinten draufgefahren. Ein Fahrzeug blieb dann stehen, sah sich unser Dilemma an und nahm meinen Mann mit, um ihn in eine nahegelegene kleine Werkstatt zu bringen. Derweil saß ich mit den Kindern am Felsen in der brütenden Sonne. Wir fanden keinen Schatten in der Nähe, und es ging auf Mittag zu. Wir mussten warten, bis uns endlich jemand abholen würde.

Als nach Stunden dann endlich ein Wagen mit einem Anhänger kam, um unsere Habseligkeiten samt dem Bootsmotor einzupacken und zu unserem endgültigen Ziel zu transportieren, waren wir erleichtert und völlig erschöpft. Dort angekommen, wurde unser ganzer Besitz vom Anhänger mitten im Hof ausgekippt. Ich glaube, ich war noch nie so beschämt, wie damals. Schließlich jedenfalls wurde ein Transporter beauftragt, unseren Wagen nach Triest zu bringen, wo sich eine entsprechende Werkstatt befand, um ihn zu reparieren.

Aber damit noch nicht genug des Pechs: Auf der Hinfahrt in die Werkstatt an der slowenisch-italienischen Grenze wurde unser Wagen auf dem benannten Transporter erneut kontrolliert und der Funk letztendlich doch von den Beamten entdeckt. Mein Mann wurde der Spionage verdächtigt und musste den Funk dort ausbauen und an der Grenze zurücklassen. Erst bei der Abholung des Fahrzeugs erhielt er den Funk wieder zurück.

Während unseres Urlaubs wurde der Wagen wenigstens aber repariert und gerade rechtzeitig fertig, damit wir damit die Rückreise antreten konnten. Das war sicher eine bittere Erfahrung. Wir waren schlussendlich aber dankbar, aus diesem Urlaub wohlbehalten zurückgekommen zu sein.

Die weiße Pracht

Die weiße Pracht
sie glimmert und glitzert verführerisch
im gleißenden Licht des Sonnenscheins
in seiner eigenen Tracht
mit Donner und Kraft
gleitet sie den Berg hinab

Im Lichtschein gefangen
begräbt sie dich
unter sich
gibt dich nie wieder frei
dein Grab ist besiegelt
und ganz still wird es um dich

Elidas Sehnsucht

Es fing schon langsam an zu dämmern. In der Nähe des Hafens wehte ein leichter Wind und von ganz fern, vom Fjord her, war Blasmusik zu hören, die die Seeleute in Empfang nahm, zur Begrüßung des Schiffes, das gerade im Hafen angelegt hatte. Aus dem Haus mit dem schieferbedeckten Dach und den kleinen Fenstern, auf deren Fensterbänken sich Geranien aus den Blumenkästen herunterrankten, traten Hilde und Lynstrand, sie gingen durch den Garten und wandten sich nach links, wo sie an Büschen und Rosensträuchern den Weg durch die Obstbäume und hohe Rhododendronbüsche einschlugen.

Elida, die in ihrem einfachen Kleid ganz bezaubernd aussah, blieb ganz aufgeregt stehen. Ihr blondes Haar trug sie hochgesteckt und einige widerspenstige Strähnen lösten sich seitwärts und im Nacken und rankten sich um ihren Hals. Ihre Wangen waren gerötet vor freudiger Erregung. Diesen Moment hatte sie schon lange herbeigesehnt: „Er ist gekommen! Ja…, Ja…, ich fühle es."

Der Wind spielte mit ihrem Haar und die herunterhängenden Strähnen wippten und bewegten sich, wehten über ihr Gesicht, über ihre Augen und versperrten ihr teilweise die Sicht. Sie bemerkte es nicht einmal. Ihr Antlitz leuchtete von innen heraus und ein leichter Glanz funkelte in ihren Augen. Sie war wie vom Fieber befallen. Wangel betrachtete seine

Frau voller Sorge: „Du solltest lieber reingehen, Elida. Lass mich allein mit ihm reden."

Sie schaute ganz aufgeregt in Richtung Hafen, von wo die Blasmusik herkam und soeben verstummte. „Ach, das ist unmöglich! Unmöglich habe ich gesagt!" Der letzte Satz kam wie ein verzweifelter Schrei aus ihrem Munde. Sie sah zum Gartenzaun. „Oh, da ist er, Wangel!"

Dort, auf der anderen Seite des Gartenzauns, noch auf dem Gehweg stand in seinem Matrosenanzug der Fremde, der so sehnsüchtig erwartet wurde. Er grüßte freundlich: „Guten Abend. Hier bin ich wieder, Elida." Elida konnte vor Freude kaum an sich halten, so erregt war sie: „Ja, ja, die Stunde ist gekommen." Der Fremde musterte aufmerksam seine Auserwählte:" „Und bist du reisefertig? Oder nicht?" Wangel antwortete gereizt: „Sie sehen doch selbst, dass sie es nicht ist!" Doch der Fremde im Matrosenanzug, der ihm eine gewisse Würde verlieh, antwortete ihm: „Ich frage dich, Elida, ob du bereit bist mit mir zu kommen, aus freiem Willen mit mir zu gehen?" „Elida wurde plötzlich ganz ängstlich und leise. „Oh, frage mich nicht! Führe mich nicht derart in Versuchung!" Vom Hafen her aus der Ferne ertönte die Schiffsglocke. Der Fremde meldete sich erneut zu Wort und wurde drängender: „Nun läuten sie zum ersten Mal an Bord. Jetzt musst du ja oder nein sagen."

Doch Elida ringt mit ihren Händen, jetzt wird es ernst und sie muss sich entscheiden: „Die Entscheidung, die Entscheidung fürs ganze Leben - die nie wieder rückgängig zu machen ist." „Nie! In einer halben Stunde ist es zu spät!" antwortete der

Fremde. Scheu, aber auch forschend zugleich schaute Elida den Fremden an. „Warum halten sie so unerschütterlich an mir fest?" „Spürst du nicht das Gleiche wie ich, dass wir beide zusammengehören?" „Meinen Sie wegen unseres Versprechens?", fragte ihn Elida. Ein Versprechen bindet niemanden. Keinen Mann und keine Frau. Wenn ich so unerschütterlich an dir festhalte, dann nur aus dem einen Grund: Ich kann nicht anders!", antwortete er ihr. Leise und bewegt kam es von ihren Lippen: „Warum sind sie nicht früher gekommen?"

„Elida!" Schmerzerfüllt bricht der Ehemann zusammen. Es bricht aus ihr heraus: „Ach, diese Kraft, wie sie mich anzieht und verlockt – das Unbekannte! Die Macht des ganzen Meeres ist in ihr versammelt." Der Fremde kann sich nicht zurückhalten, er klettert über den Zaun. Doch plötzlich verließ Elida der Mut. Sie tritt schutzsuchend hinter Wangel. „Was soll das, was wollen Sie?", brach es aus ihr. „Ich sehe es genau und ich höre es, Elida. Am Ende wirst du dich doch für mich entscheiden." Schützend trat Wangel ihm in den Weg: „Meine Frau hat hier gar keine Entscheidung zu treffen. Es ist meine Sache, für sie zu entscheiden und sie zu schützen. Wenn sie nicht von hier verschwinden, wenn sie nicht außer Landes gehen und nie wiederkommen, wissen sie, was Ihnen dann blüht?" Ganz entsetzt trat sie an ihren Ehemann heran: „Nein, nein Wangel! Das nicht!" Doch der Fremde forscht im Gesicht seines Gegenübers, dessen Statur sich groß und kräftig vor ihm aufbaute. Er fordert ihn förmlich heraus: „Was wollen Sie dann mit mir tun?" So antwortete Wangel ihm: „Ich werde sie verhaften lassen – als Verbrecher! Und zwar sofort. Denn ich weiß alles über den Mord damals in Skjoldvik."

Seine Frau, völlig entsetzt: „Wie kannst du nur?" In diesem Moment zog der Fremde eine Pistole aus seiner Brusttasche: „Und deshalb habe ich für das hier gesorgt." Elida warf sich schützend vor ihren Ehemann: „Nein, nein, nicht ihn! Dann erschießen sie lieber mich." Der Fremde stellte die Situation richtig: „Weder dich noch ihn. Keine Sorge, der ist für mich. Denn ich will leben und sterben als freier Mann."

Elida ist völlig erregt: „Wangel! Lass mich dir eins sagen, so dass auch er es hört: Natürlich kannst du mich hier zurückhalten! Du hast dazu die Macht und die Mittel. Und das willst du ja auch tun. Aber mein Gemüt, alle meine Gedanken, meine Sehnsüchte und Begierden, die kannst du nicht fesseln! Die wollen ins Unbekannte streben und eilen, in jenes Unbekannte, für das ich geschaffen bin – und dass du mir versperrt hast!" In leisem, tiefem Schmerz spricht Wangel zu ihr: „Ich sehe es ja ein, Elida! Schritt für Schritt entgleitest du mir. Dieses Verlangen nach dem Grenzenlosen und Endlosen, der Wunsch nach dem Unerreichbaren, das wird deine Sinne am Ende in die Finsternis der Nacht treiben." „Oh, ja, ja, ich spüre es ... Wie schwarze, lautlose Schwingen über mir!", brach es aus Elida. „Soweit soll es nicht kommen. Es gibt keine andere Rettung für dich. Ich sehe jedenfalls keine. Und deshalb ... deshalb löse ich jetzt unsere Bindung, auch wenn es mir das Herz zerreißt. Du kannst jetzt deinen Weg wählen ... In voller ... in voller Freiheit."

Eine Wandlung vollzieht sich in ihr, sie starrt ihren Mann ganz entsetzt und sprachlos an: „Ist das wahr, was du sagst? Meinst du das aus vollem Herzen?" „Ja aus vollem blutendem Herzen." Antwortet er ihr schmerzerfüllt. „Und kannst du das zulassen?" will sie von ihm wissen." „Ja, ich kann es, weil ich dich so sehr liebe." Er sprach mit fast erstickter Stimme. Ganz leise und bewegt, fast zur eigenen Bestätigung: „So nahe bin ich dir also doch gekommen?" „Das haben die Jahre und unser Zusammenleben bewirkt." Sprach er leise. Sie schlug die Hände vors Gesicht. „Und ich, ich habe es kaum bemerkt!" „Deine Gedanken sind andere Wege gegangen. Aber jetzt, gebe ich dich frei. Du bist nicht mehr an mich und mein Leben gebunden. Und ich nicht mehr an das deine. Jetzt kann dein eigenes wahres Leben wieder auf die … richtigen Gleise kommen. Denn jetzt kannst du vollkommen frei entscheiden. Und in eigener Verantwortung, Elida."

Elida fasst sich an den Kopf und starrt vor sich hin in Wangels Richtung. Sie begriff die Bedeutung der ausgesprochenen Worte: „In Freiheit und in eigener Verantwortung! Auch in eigener Verantwortung? … Das auch?"

Vom Hafen her war die Schiffsglocke erneut zu hören. „Hörst du, Elida! Jetzt läuten sie zum letzten Mal komm also!" Sie wandte sich dem Fremden zu, sah ihn fest an und sagte mit machtvoller Stimme. „Nach dem, was jetzt geschehen ist, werde ich niemals mit ihnen gehen. Jetzt weiß ich endlich, wohin ich gehöre!" „Du kommst nicht mit?", fragte der Fremde gefasst. Sie hielt sich an ihrem Ehemann fest und sah ihn liebevoll an: „Nein niemals, nach allem was geschehen ist!" Ich weiß endlich, wo ich hingehöre. Mein Herz hat sich endgültig entschieden.

Trauer

Wo die Trauer bis heute gelassen
in die tiefste Ecke des Herzens verbannt
um sie nie wieder auftauchen zu lassen
zum ewigen Schweigen verdammt

Die Königstochter und die Kröte

In einem fernen Land hinter den Bergen lag ein großes Königreich. Der König und seine Gemahlin bekamen keine Kinder. So groß der Wunsch auch war, er wollte nicht in Erfüllung gehen.
Darüber waren beide sehr betrübt. Doch eines Tages wussten sie, dass die Königin guter Hoffnung war. Am Hofe herrschte große Freude. Endlich kam der Tag, an dem das Kind zur Welt kommen sollte. Die Überraschung war groß. Denn nachdem das erste Kind, ein Sohn, geboren war, sagte die Hebamme ganz aufgeregt: „Es kommt noch ein zweites Kind!" Auch das zweite Kind war ein Sohn. Nach dem zweiten Kind wurde die Hebamme ganz aufgeregt: „Das war noch nicht alles, es kommt noch ein drittes Kind!" Das dritte Kind war ein Mädchen. Nun hatten der König und seine Gemahlin zwei Söhne und eine Tochter. Das Königspaar hatte mit den Kindern große Freude. Sie wuchsen gemeinsam auf und heckten viele Streiche aus. Niemand war vor ihnen sicher. Die meisten und die furchterregendsten Streiche der beiden Brüder trafen aber die gemeinsame Schwester, der sie das Fürchten beibringen wollten. Sie glaubten, Mädchen wären ängstlicher. Da waren die vielen Streiche mit den Mäusen, Schlangen oder Spinnen. Die wurden ihr ins Bett gelegt, in die Schuhe gesteckt, oder aber in die Schatulle hineingelegt, in der sie so allerlei schöner Dinge aufbewahrte. Die Schwester hatte nur ein leichtes Schmunzeln für ihre Brüder übrig, wenn sie feststellte, dass ihr wieder ein dummer

Streich gespielt worden war. Sie nahm die Spinne und brachte sie ins Freie. Ebenso tat sie es mit der Maus oder mit der Schlange, die sich in ihrem Bett schlängelte. Die Furcht war längst nicht mehr ihr Begleiter. Die Kinder wuchsen heran und wurden erwachsen. Die Brüder beneideten ihre Schwester, die furchtlos war.

Eines Tages machte sich der König große Sorgen um sein Königreich und um seine Untertanen. Eine große Hungersnot plagte das ganze Land. Er beriet sich mit seinen Hofberatern, und diese waren der Meinung, dass sie die Hofgesandten hinausschicken könnten, um herauszufinden, was die Hungersnot verursacht hat. So geschah es. Die Gesandten wurden ins Land geschickt, um nach der Ursache zu forschen. Sie zogen durch das ganze Land und befragten das Volk. Die Zeit verstrich und die Hofgesandten kamen völlig erschöpft und entkräftet zurück. Das Einzige, das sie in Erfahrung gebracht hatten, war, dass die Bauern sich beklagten, es gäbe kein Wasser.

Nachdem die Gesandten nicht mehr in Erfahrung bringen konnten, bat der Erstgeborene seinen Vater: „Vater, erlaube mir hinauszufahren, um mehr der Sache auf den Grund zu gehen." Der König hing sehr an seinen Kindern. So sprach er: „Nein, zu groß sind die Gefahren, die im ganzen Land lauern. Ich möchte dich nicht verlieren." Doch sein Sohn bat so lange, bis der König nachgab.

Der Weg des Sohnes führte durch einen großen Wald. Ein altes Weiblein versperrte ihm plötzlich den Weg und sprach: „Wohin so eilig, junger Prinz?" Der Königssohn wurde sehr ungehalten, weil er aufgehalten wurde. „Was kümmert es dich, mach den Weg frei!", sprach er, ließ die alte Frau stehen und ritt weiter. Er befragte die Leute im ganzen Land nach dem Grund für die Dürre. Lange Zeit erfuhren sie am Königshof nichts von ihm. Nachdem der älteste Sohn endlich zurückgekehrt war, völlig erschöpft und entkräftet und ohne ein weiteres Ergebnis, schickte sich der Zweitgeborene an, hinauszuziehen. Er bat seinen Vater: „Vater, erlaube mir hinauszuziehen, um mehr in Erfahrung zu bringen und der Sache auf den Grund zu gehen." Auch den Zweitgeborenen wollte der König nicht ziehen lassen. So sprach der König: „Nein, zu groß sind die Gefahren, die im ganzen Land lauern. Ich möchte dich nicht verlieren." Doch sein Sohn bat so lange, bis der König nachgab.

Als der zweite Sohn durch den großen Wald ritt, versperrte ihm plötzlich ein altes Weiblein den Weg und sprach: „Wohin so eilig, junger Prinz?" Der Königssohn wurde ärgerlich, weil er aufgehalten wurde. „Was kümmert es dich, mach den Weg frei!" sprach er, ließ die alte Frau stehen und ritt weiter. Auch er befragte die Leute im ganzen Land. Nach langer Zeit kam auch der Zweitgeborene völlig entkräftet und erschöpft von seiner Mission zurück, ohne etwas Neues in Erfahrung gebracht zu haben. Er berichtete seinem Vater, wie unzufrieden seine Untertanen waren und dass es kaum noch etwas Essbares gab. Im ehemaligen See gab es kein Wasser mehr. Den Grund dafür kannte niemand. Die Sorge des Königs um seine Landsleute wurde immer größer. Niemand wusste Rat und niemand wusste den Grund für das Versiegen des Sees.

Als die Tochter sah, wie ihre Brüder zurückkehrten, wollte sie es versuchen und sprach: „Vater, lass es mich den Versuch wagen, die Ursache zu erforschen." Doch der König sprach: „Nein, meine Tochter, zu groß sind die Gefahren, die im ganzen Land lauern. Ich möchte dich nicht verlieren. Es sind schon deine Brüder gescheitert. Ich war froh, als sie zurückgekehrt waren. Was willst du als schwaches junges Mädchen alleine schaffen, was deine Brüder nicht schaffen konnten? " Doch sie bat so lange, bis er nachgab und sie schweren Herzens ziehen ließ.

Die Tochter war froh, hinausziehen zu dürfen, nahm ihr Pferd, das sie schon seit Kindertagen besaß und ritt mit ihm durch das Schlosstor. Ihr Weg führte sie durch den nahegelegenen Wald. Dort hatte sie schon als kleines Mädchen viel Zeit verbracht und die Tiere beobachtet. Wie aus dem nichts stand plötzlich ein altes, kleines Weiblein neben ihr, das zu ihr sprach: „Wohin des Weges so eilig, liebes Kind?" Die Königstochter antwortete ihr: „Ich muss herausfinden, was die Hungersnot in unserem Königreich verursacht hat." Da das Mädchen zu ihr sehr freundlich war und ihre Rede und Antwort gab, wollte ihr die alte Frau helfen. Sie sprach zu ihr: „Das ist eine sehr schwierige Aufgabe", antwortete das alte Weiblein. „Du musst durch den nächsten Wald reiten, danach kommt ein großes Sumpfgebiet. Das Pferd wird allein den Weg aus dem Moor herausfinden, wenn du die Zügel ganz locker hältst und ihm folgst. Vertraue deinem Pferd und habe keine Angst, es wird dich ganz sicher dort hinausbringen. Dann reitest du lange bis zur Gabelung des Weges. Dort wird dir eine Taube weiterhelfen und dir den rechten Weg weisen, indem sie dreimal gurrt. Dem Weg solltest du weiter folgen. Er führt dich zu einem ehemaligen See. Das Wasser des Sees ist schon lange versiegt, das Flussbett völlig ausgetrocknet. Der Grund dafür ist eine riesige Kröte, die den See zum Versiegen gebracht hat. Hier hast du einen Stab, der dir helfen wird, den Zauber aufzuheben. Direkt am See ist eine Höhle. In der hat sich die Kröte verkrochen. Am Eingang der Höhle wächst auf der linken Seite ein Rosenstrauch, der hat eine Bedeutung. Denn diese Kröte ist ein verwunschener Prinz. Nur wer furchtlos ist, kann ihm die Erlösung bringen. Wenn du es schaffst, nah genug an die Höhle heranzukommen, kannst du ihn erlösen. Du musst möglichst nah herangehen und auf den Rosenstrauch dreimal klopfen. Erst wenn der Prinz wieder erlöst sein wird, wird auch der See sich wieder mit Wasser füllen." Das Mädchen bedankte sich bei der alten Frau für den Hinweis. Das Weiblein wünschte ihr viel Glück, doch eh' sie sich versah, war das Weiblein verschwunden.

Die Königstochter machte sich auf den Weg, Ritt durch den Wald und durchquerte ihn. Sie kam in das Sumpfgebiet, von dem die alte Frau gesprochen hatte. Sie ließ die Zügel des Pferdes ganz locker, um dem Pferd den Freiraum zu geben, selbst nach dem Weg zu suchen. Sie flüsterte ihm fortwährend ins Ohr: „Führe mich sicher aus dem Moor." Das Pferd spitzte die Ohren und machte sich auf den Weg. Mal links, mal rechts, wechselte es die Richtung, und fand den Weg aus dem Moor heraus. Dann ritt die Königstochter immer geradeaus bis zu einer Weggabelung, an der ging es in drei Richtungen. Die Taube, die den Weg weisen sollte, saß auf der linken Seite des Weges auf einem Busch und gurte dreimal, wie es das alte Weiblein gesagt hatte. Auch hier sprach die Königstochter mit dem Pferd und nahm den linken Weg, auf dem sie weiterritt, bis zum Tal, das einmal ein großer See war und jetzt ganz ausgedörrt vor ihr lag.

Auf der anderen Seite des Tals erkannte sie den Höhleneingang. Sie näherte sich dem Eingang, aus dem schon die riesige Kröte heeraustrat und den Eingang völlig versperrte. Die Kröte war ungeheuerlich groß, aber die Königstochter fürchtete sich nicht. Sie ging näher heran. Dann sah sie den Rosenstrauch, ging seitwärts noch näher heran und berührte den Strauch dreimal. Nachdem sie das dritte Mal auf den Rosenstrauch klopfte, verwandelte sich die riesengroße Kröte in einen wunderschönen Prinzen in einem edlen Gewand. Er stand vor der Königstochter und dankte ihr für die Erlösung. Das Tal füllte sich langsam mit Wasser und dort entstand wieder ein großer See, der das ganze Land mit Wasser versorgte, womit auch die Hungersnot ein Ende fand.

Die Königstochter aber ritt mit dem Prinzen zu ihrem Vater aufs Schloss und berichtete ihm, was geschehen war. Der Vater war überglücklich seine Tochter wiederzuhaben. Eine große Hochzeit wurde vorbereitet und die Königstochter und der Prinz heirateten. Der König übergab seiner Tochter den Thron und somit das ganze Königreich. So lebten sie glücklich bis an ihr Lebensende.

Allgemeines Weltbild

Wofür braucht mancher Millionen
und täglich kommen neue hinzu
draußen sterben stündlich Kinder
welches Elend und Leid durch Krieg und Hunger
tun wir ihnen an
das Unrecht in dieser Welt wächst täglich
und niemand hält es auf
es wächst immer mehr und mehr

Der unangenehme Fahrgast

Ich hatte gerade meine Taxischicht begonnen. Es war noch schönes Wetter, doch es ging langsam dem Herbst zu. Mein Mann, der bis dahin in der Nachtschicht fuhr, wollte nicht mehr nachts arbeiten. Die über jahrelange Nachtarbeit hat seinen Biorhythmus sehr verändert, so dass er völlig ausgelaugt und fertig war. Es ging ihm nicht besonders gut. Ich konnte das gut nachvollziehen. Doch das Fahrzeug musste ausgelastet sein, wenn es wirtschaftlich rentabel sein sollte. Ich entschloss mich wenigstens die Abendstunden bis etwa um Mitternacht zu fahren, auch wenn es für mich nicht gerade ratsam war, als Frau um diese Zeit unterwegs zu sein. Ich hielt mich vorwiegend im Süden von Essen auf und fuhr aus dem Norden wieder zurück zu den südlichen Halteplätzen. Ich habe nie große Ängste gehabt, dass mir in dieser Richtung etwas zustoßen könnte. Aber vorsichtig war ich trotzdem. Ich wollte es zumindest ausprobieren. Ich hatte diesbezüglich sehr viel Glück und in meiner ganzen Laufbahn als Taxifahrerin absolut keine Probleme mit den Fahrgästen gehabt. Allerdings sah ich mir die Fahrgäste immer sehr genau an. Ich musste nicht jeden Fahrgast fahren. Dieser Abend sollte allerdings etwas anders werden; er war eine gebührende Ausnahme, die aber wiederum im Nachhinein etwas Gutes brachte.

Es war noch früh am Abend, als ich am S-Bahnhof in E-Werden auf dem Halteplatz stand und die Gaststätte „Am

Schwarzen" als Ausgangspunkt angenommen hatte. Gaststätten fuhr ich nicht gerne an. Also fuhr ich nach E-Haidhausen. Mir blieb nichts anderes übrig, da angenommene Fahrten ausgeführt werden mussten. So meldete ich mich in der Gaststätte. Der Fahrgast, der sich in meinen Wagen setzte, war für die Tageszeit schon ganz schön angetrunken. Solange der Fahrgast ruhig blieb, störte mich das nicht. Wir hatten derzeit ein „Nichtrauchertaxi". Dementsprechend war vorne vor dem Sitz des Fahrgastes ein Schild an der Armaturenverkleidung angebracht: „Bitte nicht rauchen". Die vorherigen Fahrzeuge hatten auf den Hintersitzen Brandflecken, die wir an diesem Fahrzeug vermeiden wollten. Ich konnte nicht erkennen, dass der neue Fahrgast rauchen wollte, was bei mir ohnehin nicht erlaubt war. Wir waren keine zweihundert Meter gefahren, als den Fahrgast dieses Schild in meinem Wagen zu stören schien. Ich hörte mir seine Beanstandung an und sagte nichts. Ich blieb weiterhin ruhig und ließ ihn reden. Ich hoffte, er hörte irgendwann von sich aus damit auf. Er machte aber munter weiter und dachte natürlich nicht daran, sich weiterhin an dem Rauchverbot zu stören. Es wurde sogar immer schlimmer. Mich zu provozieren gelang ihm allerdings nicht. Irgendwann reichte ihm das Schild nicht mehr aus. Er ließ sich an mir und meiner Person aus, obwohl es keinen Anlass dafür gab. Wir fuhren etwa drei Kilometer, als wir am S-Bahnhof in E-Werden vorbeikamen.

Ich überlegte einen Moment, bis mir plötzlich klar wurde, dass er in die Rheinstraße nach Kettwig wollte. Keine sehr gut übersichtliche Gegend. Wenn er jetzt schon Streit provozierte, konnte ich davon ausgehen, dass er eventuell nicht bezahlte oder noch Schlimmeres, es würde richtig Ärger geben. Das war hier vorprogrammiert, das wusste ich. Ich fuhr am S-Bahnhof vorbei über die Brücke und fuhr rechts ran auf dem Seitenstreifen. Ich hatte nicht vor ihn weiterzufahren. Ich bat ihn den Betrag, der auf der Uhr stand, zu bezahlen und dann auszusteigen. Die Fahrt war an dieser Stelle zu Ende. Doch er wollte nicht bezahlen, wollte dass ich weiterfahre. Er wollte mich dazu zwingen. Ich forderte ihn noch zweimal auf den Betrag zu begleichen und auszusteigen. Vielleicht hatte er durch den Alkoholkonsum nicht alles richtig verstanden. Er blieb jedenfalls sitzen und beschimpfe mich des Betruges, weil ich die Summe auf dem Taxameter von ihm verlangte. Das wurde mir dann doch zu bunt. Ich bat die Zentrale über Funk auf, mir die Polizei zu schicken und nannte ihr meinen Standpunkt. Es dauerte keine zwei Minuten, bis zwei Kollegen vom S-Bahnhof, der gerade mal dreihundert Meter von meinem Standort entfernt war, angefahren kamen, um mir Beistand zu leisten und mir Schutz zu gewähren. Sie blieben, bis die Polizei eintraf.

Die Polizei hatte kein Verständnis für die Behauptung des Fahrgastes, ich würde ihn betrügen. Auch sie forderten ihn auf, den Betrag auf dem Tachometer zu bezahlen und dann auszusteigen. Es wäre mein gutes Recht ihn als Fahrgast abzulehnen, wenn er Ärger bereitete. Doch er blieb uneinsichtig. Nicht einmal die Polizeibeamten durften ihn anfassen und aus dem Wagen holen, solange er nicht handgreiflich und zur Gefahr wurde. Nachdem auch die Polizei ihn nicht überzeugen konnte, war ich entschlossen eine Anzeige wegen Zechprellerei aufzugeben. Dann stieg er endlich aus meinem

Wagen aus und wechselte ins Polizeiauto um. Wir fuhren zum Polizeipräsidium. Während einer der Beamten die Anzeige aufnahm, sprach ein anderer mit dem Reisegast und versuchte ihn dazu zu bewegen, die offene Summe zu begleichen. Denn Zechprellerei und das Gerichtsverfahren würden ihn weit mehr kosten als das, was auf dem Tachometer stand. Es hat eine ganze Stunde gedauert, bis er bereit war, die Summe endlich zu begleichen, das muss man sich mal vorstellen. Die verlorene Stunde habe ich nicht einmal in Rechnung gestellt, was ich durchaus gekonnt hätte. Als ich die Polizeistation verlassen wollte, drohte er mir noch: „Wir werden uns noch mal begegnen usw." Weiter möchte ich gar nicht mehr ausführen. Ich hatte nun wirklich die Faxen dicke. Ich erinnerte ihn nur daran: „An ihrer Stelle wäre ich mal ganz vorsichtig, ich habe hier genug Zeugen für ihre Drohung. Das sollten sie mal tunlichst lassen!" Dann verließ ich das Polizeirevier. Ich war ungeheuer wütend, um ehrlich zu sein.

Diese Angelegenheit hatte ich schon völlig vergessen, als ich einige Monate später wieder einmal diese Gaststätte anfuhr. Es kam ein anderer Fahrgast, den ich fahren sollte. Gott sei Dank war er nicht so stark angetrunken wie der Letzte. Anscheinend hatte sich dieses Ereignis aber herumgesprochen und hatte sozusagen einen positiven Effekt. Der Fahrgast meinte: „Wie ich gehört habe, muss man sich bei ihnen benehmen und vorsichtig sein. Sie gingen gleich ganz hart vor, munkelt man!" Was immer er auch damit meinte und wirklich erzählt wurde, habe ich nie erfahren. Es hörte sich nicht wirklich nach der Wahrheit an. Aber letztendlich hatte es ein positives Ergebnis gebracht. Und nur darauf kam es an und zählte. Meine Angst war offensichtlich so groß, dass sie mich übertrieben vorsichtig werden ließ. Glücklicherweise ist mir so ein Alptraum nicht ein zweites Mal widerfahren!

Das Glück

das Glück ist still und leise,
und
ohne viele Worte,
dank sei dem Glück,
das mich
so reich beschert.

Mein größtes Glück,
neben dir aufzuwachen,
dich zu riechen,
dich zu spüren,
du bist mein ganzes Glück,
seien uns noch
viele schöne Jahre vergönnt
Dankbarkeit,
die mich dafür mit jedem Tag erfüllt.

Julia und Robert

Robert: Wo kommst du denn um diese Zeit her?
Julia: Das ist ja eine nette Begrüßung zum Empfang. Du könntest wenigstens fragen, wie es mir nachdem langen Tag geht. Es war heut reichlich anstrengend.
Robert: Du hast wohl vergessen, wie spät es ist.
Julia: Du weißt doch, dass wir heute die Proben für die Messe hatten. Ich muss dich doch nicht daran erinnern, oder doch?
Robert: Du willst mir doch nicht erzählen, dass du gerade von dort kommst?
Julia: Und ob! Es hat nicht alles mit der Choreografie so funktioniert, wie sich die Chefin das vorgestellt hat.
Sie war heute mit uns überhaupt nicht zufrieden. Es war katastrophal.
Robert: Das kannst du jemand anderem erzählen.
Julia: Ach Robert, fang nicht schon wieder an. Immer die alte Leier. Du bist wirklich anstrengend. Das kann
ich heute nicht gebrauchen. Ich bin völlig fertig.
Robert: Was soll das heißen? Du kommst spät nach Hause und ich soll nicht nach dem Grund fragen? Das ist doch nicht dein Ernst?
Julia schwieg.

Robert: Ich will endlich wissen, wo du herkommst?
Julia ging
Robert: Kannst du nicht antworten? Wo kommst du um diese Zeit her?
Julia sagt nichts. Geht ins Bad, macht sich für die Nacht fertig
Robert: Sei ehrlich, hast du einen anderen? Dann sag es mir wenigstens!
Julia: Das glaube ich jetzt nicht, Du bringst mich echt zur Verzweiflung. Du bist erst zufrieden, wenn ich aus lauter Verzweiflung wirklich jemand anderen habe. Bist du dann zufrieden? Ja? Ist es das, was du willst? Du brauchst es mir nur zu sagen. Dann ist es hier und jetzt Schluss! Verstehst du? Ich arbeite bis zum Umfallen und das tue ich nicht nur für mich, sondern für uns. Ist dir das eigentlich klar, falls du das überhaupt begreifen kannst? begreifen kannst? Und du? Du machst mir hier eine Scene vom Feinsten? Wirklich toll fällt dir nichts Besseres ein, als so einen Stress zu bereiten? Ich habe es so satt, dass kannst du dir nicht vorstellen. Du solltest damit aufhören, sonst verlierst du mich wirklich. Du gehst mit deinen Kollegen auch mal aus. Soll ich jetzt jedes Mal Vermutungen anstellen wo du nun warst und was du tastest? Etwas mehr solltest du mir schon vertrauen! Meinst du nicht auch? Kennst du mich wenig?
Robert: Ich glaube meine Kollegen am Arbeitsplatz haben

	doch recht mit dem, was sie sagen.
Julia:	Ach, und was sagen sie denn, deine „lieben" Kollegen?
Robert:	Wenn du einen anderen hättest, würdest du mich mit Sicherheit verlassen. Ich könnte doch eine Frau wie dich nicht halten.
Julia:	Und das glaubst du? Mein Gott, Robert, das ist doch nicht dein Ernst? Womit plagst du dich herum? Mach Schluss damit!
Robert:	Du bestätigst doch, dass es sich so verhält!
Julia:	Womit denn?
Robert:	Du kommst um Mitternacht nach Hause. Was würdest du denn umgekehrt glauben?
Julia:	Kennst du mich denn eigentlich so wenig? Es gibt immer Leute, die aus Neid irgendwelche Gerüchte in die Welt setzen. Und bei dir haben sie es wohl tatsächlich geschafft.
Robert:	Noch mal, wo warst du?
Julia:	Mein Gott Robert, wenn du damit nicht aufhörst, hat es mit uns weiter keinen Sinn. Ich sage es dir zum letzten Mal. Ich komme von der Arbeit! Du weißt immer wo ich bin! Und…, falls du es immer noch nicht begriffen hast, ich liebe dich! Du solltest an deinem Selbstbewusstsein arbeiten. Das könnte dir nicht schaden. Glaub doch nicht alles, was deine Kollegen so verbreiten. … Wie lange sind wir schon zusammen?
Robert:	An die zwanzig Jahre dürften es schon sein.
Julia:	Siehst du, wir sind durch viele schwere Zeiten ge-

meinsam gegangen. Konntest du dich nicht immer auf mich verlassen? Ich habe dich nie belogen. Du musst doch spüren, was uns verbindet. Lass doch nicht von anderen Leuten einen Stachel in unsere Beziehung setzen. Du zerstörst damit alles … Und gegen Eifersucht muss man ankämpfen. Kennst du nicht den Spruch: Eifersucht ist eine Leidenschaft, die mit Eifer sucht, was Leiden schafft? Du musst doch besser wissen, was unsere Beziehung ausmacht.

Robert: sagte nichts. Er schämte sich für sein Verhalten. Dann fügt er hinzu: Im Prinzip hast du ja recht. Das weiß ich auch. Aber dieses Gefühl macht mich ganz schön fertig. Ich komme nicht dagegen an.

Julia: Du hast es nicht nötig eifersüchtig zu sein. Du bist ein wunderbarer Mann, den ich sehr schätze. Ich dachte, das weißt du. Komm, lass uns ins Bett gehen. Ich habe einen furchtbaren Tag hinter mir und morgen einen ebensolchen vor mir. An mir darfst du nie wieder zweifeln, hörst du! Versprich mir das! Nie wieder!

Robert: Versprochen! Ich bin doch so stolz auf dich!

Der Baum

Der Baum so weise
hat uns vieles voraus
in seinem Geäst hat die Zeit
erlebte Spuren hinterlassen

Unter seiner tragenden Last
der grünen Äste
sah Liebespaare
sich Liebe schwören
verschlungene Herzen
in Rinde einritzen
damit sie für ewig
das Zeugnis behielten

Kein Wind und kein Wetter
konnte ihm etwas anhaben
hat Stürmen widderstanden
unbeugsam
hat alles ertragen
möge er weiter unbeugsam ausharren

Manch Baum

hat über hundert Jahr

er erblüht uns immer wieder

jedes Jahr aufs Neue

erstrahlt in seinem schönsten Kleid

Nie wieder Weihnachten
Die Baustelle

Ich erinnere mich an das traurigste Weihnachtsfest, das ich je hatte, dass alles bis dahin Gewesene für immer verändern beziehungsweise auslöschen sollte. Niemals wieder würde ich von da an meine Mutter lachen hören und fröhlich sehen. Nie wieder sollten wir so fröhliche Weihnachtsfeste erleben, wie die der letzten Jahre. Fröhlich und singend unterm Weihnachtsbaum mit erwartungsvoller Spannung auf die erhofften Geschenke und natürlich „Christi Geburt". Um diese Geschichte zu erzählen, muss ich zeitlich ein bisschen ausholen und einige Wochen zurückblenden. Damals war ich noch ein Junge von etwa acht bis neun Jahren, der gerade zur Schule ging. Mit Kindern aus der Nachbarschaft spielten meine jüngere Schwester Anna und ich sehr oft. Im Haus über uns wohnten mein Freund Ulli mit seiner jüngeren Schwester Tina. Beide waren fast gleichalt mit meiner Schwerster und mir. Wir haben wunderbare Zeiten miteinander erlebt und so manchen Streich gemeinsam ausgeheckt, vor allem mein Freund Ulli und ich. Wir trugen beide den gleichen Vornamen. Ständig waren wir zusammen unterwegs. Nun wurde bei uns in der Nachbarschaft in dieser Zeit gebaut und es entstand hinter unserer Wohnsiedlung ein neues Objekt. Für uns Kinder war das wie Zündstoff, prickelnd und ungeheuer aufregend. Was es da auf einer Baustelle alles zu entdecken und erkunden gab? Es war immens! Während der Woche besuchten wir die Schule und jeder hatte mit sich und den Schulaufgaben so einiges zu tun. Doch am Wochenende hatten wir Freiraum und trafen uns regelmäßig, um manches zu erleben und zu erforschen. Wir waren neugierig und bereit vieles auszuprobieren. Ich werde diesen einen Tag nie vergessen. Es war ein Samstag. Das Wochenende stand vor der Tür. Unsere Eltern waren allesamt voll und ganz mit dem Erfüllen ihrer Wochenendaufgaben beschäftigt und sicher auch froh, uns eine Weile nicht um sich zu haben. Meine Mutter hatte reichlich zu tun, um für das ganze Wochenende vorzusorgen. Es musste eingekauft werden und für den Sonntag wurde meistens schon vorgebacken, damit am Sonntag ein Kuchen auf dem Tisch stand. Mein Vater, der immer zu Hause war, saß am Klavier und komponierte neue Melodien und schrieb dazu passende Texte. Er war Musiker und spielte abends auf Tanzveranstaltungen. In unserer Gegend war er sehr beliebt. Aber, wenn er zu Hause arbeitete, brauchte er seine Ruhe und war vollauf beschäftigt.

Dieser verhängnisvolle Samstag, der so viel verändern sollte, wird mir für immer unvergessen in meinem Gedächtnis eingebrannt bleiben. Wir waren so ungeheuer jung, wir waren unbekümmert, nichts konnte uns aus der Fassung bringen, nichts konnte uns rühren und wir waren aber auch dumm. Doch dieser eine Tag sollte in unser aller Leben alles verändern und eine einschneidende Wende bringen. Wie oft in meinem Leben habe ich darüber nachgedacht, ob sich diese Veränderung hätte abwehren lassen können. Wie ein Magnet zog uns diese Baustelle an. Diesem unwiderstehlichen Drang konnten wir nicht widerstehen. Sie hatte etwas Verheißungsvolles, etwas Verlockendes und etwas Verbotenes. Wir, das waren Ulli, Anna, Tina und ich und natürlich auch Harry, der auch aus der Nachbarschaft stammte und einige Häuser weiter wohnte, trafen uns zur gewohnten Stunde. Unser Anziehungspunkt war die Baustelle, etwa achthundert Meter von unserem Haus entfernt. Das gebaute Haus war schon halb hochgezogen mit einem Baugerüst umgeben, ein Rohbau halbfertig. Damals wurde noch mit Ziegelsteinen, Stein auf Stein gebaut. Ziegelsteine standen herum, Bretter aus Holz, Zementmischer und andere Materialien lagen akkurat platziert an der Baustelle.

Ziegelsteine wurden etwa in der Entfernung von sechhundert Metern vom Bau abgeladen und mussten zum Bauobjekt transportiert werden. Dazu wurden abschüssig Schienen bis zum Bau gelegt, auf der eine Lore stand. Am Ende der Schienen war ein Abhang, in den die Ziegelsteine bis zum Neubau transportiert und ausgekippt wurden. An vielen Wochentagen konnten wir beobachten, wie die Steine zur Baustelle transportiert wurden. Vorn an der Straße wurde die Lore mit Steinen gefüllt, dann wurde sie angestoßen, durch die schräg gelegten Schienen nahm sie an Fahrt auf und fuhr mit ziemlich großer Geschwindigkeit bis zur Baustelle, wo sie dann in Empfang genommen und geleert wurde. Dieses Verfahren bedeutete den Bauarbeitern große Erleichterung. Sobald die Arbeit beendet war, wurde die Lore auf ihren Gleisen gesichert. Dann konnten wir sie nicht mehr bewegen. Doch an diesem letzten Freitag war vergessen worden, die Lore zu sichern. Sie stand frei beweglich auf den Schienen. Das war für uns wie Dynamit.

Wir fuhren die Lore bis zum Anfang oben an der Straße, jeder von uns setzte sich mal hinein, wurde angestoßen, bekam einen großen Schwung und fuhr den Abhang hinunter, bis zum Ende der Baustelle. Es war überwältigend, berauschend, es machte Spaß. Jeder fuhr einige Male. Auch die beiden Mädchen Anna und Tina ließen sich den Spaß nicht nehmen. Da nahm das Schicksal seinen Lauf. Anna sollte noch einmal fahren. Sie saß schon in der Kipplore. Doch sie wollte plötzlich wieder raus, was sie dann auch tat. An ihrer Stelle nahm Tina dort Platz ein. Wir liefen mit der Lore mit und gaben ihr ordentlich Schwung, bevor wir sie wieder losließen. Die Lore nahm Fahrt auf, gewann ungeheuer an Geschwindigkeit und wurde immer schneller. Wir waren fasziniert, welche Schnelligkeit sie erreichte. Am Ende der Schienen standen zwei Blöcke, an jeder Seite einer. Zwei Jungen standen dort, um Tina bei Ankunft in Empfang zu nehmen und beim Aussteigen zu helfen. Die Lore nahm zu viel Schwung auf und bekam zu viel Geschwindigkeit, sodass sie an ihrem Ende zu stark gegen die Blöcke stieß. Und die Ladung, die sie enthielt, war zu leicht. Tina wurde durch den Schwung aus der Lore gestoßen, als sie an die Blöcke stieß. Die Kipplore, die kein Gewicht mehr enthielt, kippte Tina dann hinterher. Ich lief, so schnell ich konnte bis zum Ende der Schienen und sah die Böschung hinunter. Meine Freunde und auch meine Schwester standen fassungslos und versteinert am Abgrund und sahen den Abhang hinunter. Niemand konnte sich rühren. Diesen furchtbaren Anblick, der sich uns bot, bekam ich bis heute nicht mehr aus meinem Kopf. Es war entsetzlich. Tina rührte sich nicht mehr. Wir warteten, dass sie sich bewegte, aber nichts dergleichen geschah. Tina war wohl sofort tot. Anna erlitt einen schweren Schock, bekam abends hohes Fieber und wurde daraufhin schwer krank. Sie kam ins Krankenhaus und wurde auf Typhus behandelt. Nachdem bereits Eiter aus der Nase lief, wurde erkannt, dass zwei Äderchen im Kopf geplatzt waren und eine falsche Diagnose gestellt worden war. Doch da war es schon zu spät. Tina starb dann kurz vor Weihnachten an diesem Fieber. Diese Weihnachten und alle danach waren wir in tiefster Trauer. Meine Mutter trauerte in ewigem Schmerz versunken um meine Schwester, bis sie selbst krank wurde und über Jahre kränkelte. Letztendlich starb sie an den Folgen der Trauer und einer sich anschließenden schweren Erkrankung. Mein Vater, der den Verlust seiner Tochter und seiner Frau nicht überwinden konnte, versank für immer in seinem Schmerz. Nur seine Musik konnte ihm noch etwas Trost und Vergessen finden lassen. Von da an war ich ein „Verlierender". Ich verlor meine Schwester, ich verlor meine Mutter und zum Schluss verlor ich meinen Vater, der sich aus dem Schmerz nicht mehr befreien konnte. Er flüchtete in seine Musik, die ihn etwas auffangen konnte und all die Trauer vergessen ließ, wenn auch nur für einen kurzen Augenblick. Mich sah er nicht mehr. Mehr denn je brauchte ich jemanden, gerade jetzt. Ich war einsam, war verlassen, vollkommen allein.

Die Polizei ermittelte nach den Schuldigen für dieses schwerwiegende Ereignis, das sich an diesem Samstag ereignet hatte und es kam zu einer Gerichtsverhandlung. Der Richter sagte während der Verhandlung, dass wir Kinder keine Schuld an dem tödlichen Unfall hatten. Wir waren eben nur Kinder, die gespielt hatten. Zum Schluss kamen sie zu dem Ergebnis, dass die Baufirma dafür Sorge tragen musste, dass kein Unbefugter diese Baustelle mehr betreten konnte. Dieser verheerende Unfall hatte auch für uns alle große Folgen. Mein Freund Ulli und ich verloren beide die Schwester. Wir trafen uns nur noch unregelmäßig, mieden Baustellen, verloren uns allmählich aus den Augen, um dem Fluch zu entgehen. Im Haus wurde es still.

Das Glück

Beseelt macht das Glück
Lässt Flügel schwingen
wie eine Droge
trägt sie den Einen
macht glückselig
lässt Kräfte wachsen
und Berge versetzen
die wir nie erahnt
lässt über sich hinauswachsen

So mancher erträumt es
und kann's nie erreichen
so sehr er sich müht
ein anderer packt an
alles gelingt
das Glück macht beschwingt

Der Überfall

Es war einer von den Tagen, die gegen Abend hin plötzlich ganz ruhig wurden. Eine gähnende Leere machte sich breit. Bei uns eine Seltenheit, das waren wir eigentlich nicht gewohnt. Gerade mal einen ganzen Monat war es her, dass wir die Trinkhalle eröffnet hatten, die mein Mann immer gerne bewirtschaften wollte. Es war Anfang Februar und es war ein Mittwoch. Die Straßen waren menschenleer. Das war natürlich kein Wunder, denn im Fernsehen wurde gegen zwanzig Uhr ein wichtiges Fußballspiel übertragen. Alle saßen vor dem Fernseher und sahen sich das Fußballspiel an. Ich hatte mir vorgenommen, gleich Feierabend zu machen. Vom Nachmittag her türmte sich hinten noch das Geschirr. Das würde ich alles wegspülen und dann die Kasse machen. Wenn die Kunden nachmittags da waren und Kaffee tranken, ging es oft hoch her. Es war eine ganze Klicke, die sich regelmäßig bei uns traf, manchmal auch noch einige Fremdkunden, die dann zufällig zur selben Zeit da waren. Sie diskutierten gerne über „Gott und die Welt." Als Thema war alles willkommen. Joachim war an diesem Nachmittag per Taxi mit einem unserer Kunden nach Belgien unterwegs, der dort an einer Sitzung teilnehmen musste. Es wäre eigentlich meine Schicht auf der Droschke gewesen. Aber dieser Fahrgast fuhr immer mit meinem Mann, also haben wir getauscht, er fuhr den Kunden und ich übernahm den Dienst im Kiosk. Gerade vor etwa zwei Stunden rief er mich an, um mir mitzuteilen, dass ich nicht auf ihn warten sollte. Es würde spät werden, weil er auf seinen Kunden warten musste. Es war nicht abzusehen, wie lange es dauern würde, also möglicherweise die ganze Nacht. Das kam gerade bei diesem Kunden oft vor. Nun, ich wusste Bescheid. Also ging ich nach hinten und spülte alles weg. Als ich fertig war, ging ich wieder in den Verkaufsraum, um die Kasse zu machen. Als ich den Geschäftsraum betrat, sah ich links von mir unverhofft einen Schatten. Ich glaubte, mich zu täuschen. Unwillkürlich sah ich zur linken Seite. Da stand tatsächlich ein junger Mann vor mir, ziemlich groß, von kräftiger Statur, der mir über die achtzig Zentimeter breite Theke, die zwischen uns stand, plötzlich eine Pistole vor das Gesicht hielt. Nicht zu glauben! Geschockt, überrascht und erstaunt sah ich ihn an. Wir hatten an der Tür eine Klingel. Wie hatte er hier reingekommen können, ohne dass ich ihn gehört hatte? Ich stellte mich parallel zu ihm hinter die Theke. Er flüsterte fast, als er ganz leise das Geld aus der Kasse verlangte. Das war doch nicht sein Ernst? Ich war fassungslos. Und das passierte ausgerechnet mir? Joachim hatte zur Eröffnung eine Waffe besorgen wollen, um uns in solchen Fällen zu schützen. Ich hatte mich dagegen gewehrt. „Nicht in meine Nähe, auf keinen Fall", protestierte ich damals. Eine Waffe verschärfe die Situation und brächte es zur Eskalation. Es musste immer auch ohne Waffe gehen. Und wenn es so sein sollte, dann sollte es ebenso sein. Mein Gehirn arbeitete auf Hochtouren. Unter der Theke standen zwei Kühlschränke, auf denen wir für den Ernstfall eine Gaspistole und eine Sprühdose mit Gas liegen hatten. Nie im Leben hatte ich angenommen, sie jemals gebrauchen zu müssen. Das hatte ich hier gleich verworfen. Jetzt war ich auf meine Einschätzung angewiesen. Ich fixierte mein Gegenüber sehr genau. Würde er im Ernstfall schießen und war die Waffe echt? Zu meinem Bedauern kannte ich mich mit Waffen nicht aus. Aber nach einer Spielzeugpistole sah sie nicht gerade aus. Mein Blick wanderte zwischen der Waffe und ihm hin und her. Dann kam noch ein anderer Faktor hinzu. Jeden Moment konnte ein Kunde entweder zur Tür hereinkommen oder aber am Straßenschalter erscheinen, um etwas zu bestellen. Es herrschte absolute Stille und totale Anspannung. Es verstrichen endlose Sekunden. Die Zeit dehnte sich unendlich, als würden Minuten vergehen, in denen nichts geschah. Ich rührte mich nicht. Im Gegenteil, ich machte die Arme steif. Ich hatte nicht vor, ihm das Geld zu überreichen. Er wurde sichtlich nervös. Er sah meine Entschlossenheit, nicht zu reagieren. Dann wurde er selbst aktiv, betätigte die ganz einfache Kasse, die wir dort stehen hatten mit dem Schlüssel, öffnete sie, griff nach den Zehnerscheinen, die in seiner fleischigen Pranke fast ganz verschwanden, und wandte sich zur Tür zu, um hinaus zu hasten. Ich griff nach der Spraydose und sprühte in seine Richtung. In dem Moment wandte er sich gerade zur Tür und verschwand auf der Straße. Ich sprang in zwei Sätzen nach hinten, griff meinen Autoschlüssel, lief ihm auf die Straße hinterher und war ohne nachzudenken bereit die Verfolgung aufzunehmen. Doch auf der Straße angekommen, war weit und breit niemand mehr zu sehen. Ich lief bis zur Nebenstraße, die dreißig Meter entfernt abbog, aber auch dort war niemand zu entdecken. Enttäuscht und irgendwie auch erleichtert, dass nichts Schlimmeres passiert war, ging ich in die Trinkhalle zurück, nahm den

Hörer ab und rief die Polizei. Dann legte ich gerade den Hörer auf, als Joachim zur Tür hereinkam und mir ein „Heili-Heilo, da bin ich wieder" entgegenrief. Er erwartete, dass ich mich über sein Erscheinen freute. Aber in diesem Moment entglitt mir mein Gesicht verständlicherweise völlig. Die Vorstellung, was passiert wäre, wenn sich der Verbrecher und Joachim in die Arme gelaufen wären, war kaum auszudenken. Seit dem Überfall waren nicht einmal „zwei Minuten" vergangen. Zwei Minuten, die vielleicht über Leben und Tod entschieden hatten. Das war verdammt knapp. Meine Glieder im ganzen Körper begannen förmlich zu zittern. Der Gedanke an das, was hätte passieren können, hat mir endgültig einen Schock versetzt. Ich musste mich setzen. Den Überfall wollte mir Joachim erst gar nicht glauben. Doch dann merkte er, dass ich das Geschilderte tatsächlich so meinte. Erst da begriff er den Ernst der Situation. Die Polizei kam und nahm alles auf. Sie erzählte uns, dass es zu der Zeit bei uns in der Stadt eine Serie von Überfällen auf Tankstellen und auch Trinkhallen gäbe. Die Polizei legte sich dann auf die Lauer und fassten die Diebe schließlich. Sie waren zu dritt und wechselten sich andauernd ab. Sie brauchten das Geld, denn sie waren alle drei drogenabhängig. Einer blieb immer mit laufendem Motor im Wagen sitzen, damit sie sich sofort nach Rückkehr des Diebes entfernen konnten. Das wir gegen Überfälle versichert waren, habe ich während des Überfalls völlig ausgeblendet. Mich quälte nur der Gedanken, wie wir in aller „Herrgottsfrüh" aufstanden und den ganzen Tag arbeiteten und der Dieb wohl allen Ernstes glaubte sich abends nur noch bedienen zu brauchen. Das machte mich einfach nur wütend. Da wir übervorsichtig waren, hatten wir auch nie mehr als 100 DM Wechselgeld in der Kasse. Mehr hat er wahrscheinlich auch nicht erbeutet. Dagegen waren wir glücklicherweise versichert, sodass uns das Geld von der Versicherung erstattet wurde. Die Polizei mahnte mich an dieser Stelle, nie wieder ein solches Risiko einzugehen. Diesen Rat würde ich selbst auch jedem geben, sich nie selbst in Gefahr zu bringen, aber im Ernstfall reagiert man dann doch anders. Das hätte ich nicht für möglich gehalten, jemals so unvernünftig zu handeln. Bei der Verhandlung kam heraus, dass die drei Bandenmitglieder schon mehrfach vorbestraft waren. Man räumte ihnen bei diesem Prozess neue mildernde Umstände ein und das auch wieder auf Bewährung. Ich konnte es irgendwie nicht fassen. Hier erfuhr ich zusätzlich, dass die Waffe tatsächlich echt gewesen war und dass er nach eigener Aussage für Drogen auch die eigene Mutter erschossen hätte. Das schockierte mich aufs Äußerste. Wie sehr habe ich mich selbst in Gefahr gebracht! Was hat mich vor dem Schlimmsten bewahrt? War es meine zarte Statur, meine ungläubigen und entschlossenen Augen, oder vielleicht beides zusammen? Ich werde es nie erfahren? Ich musste den Verhandlungsraum verlassen. All das, was ich hier gehört hatte, war zu viel für mich. Warum er nicht auf mich geschossen hatte, weiß nur der Himmel. Ich hatte tatsächlich einen verdammt guten Schutzengel gehabt. Mir wurde bewusst, dass mir in jener Nacht das Leben neu geschenkt worden war. Ich bin bis heute dankbar und erleichtert, hab meine Lektion gelernt und bin um diese Erfahrung reicher. Aber, ehrlich gesagt, hätte ich auf sie verzichten mögen.

Im Herbst des Lebens

Seit 50 Jahr sind wir ein Paar,
ewige Liebe schworen wir uns,
wir gaben uns das Ja-Wort
vor dem Traualtar
welch Fügung führte uns zusammen,
gemeinsam wollten wir es wagen,
durchs Leben gehen und es schaffen.

Es war nicht immer leicht,
eine Talfahrt führte uns durchs Leben,
viele Höhen und Tiefen mussten wir
überwinden.

Egal wie schwer es auch war,
in Treue und in Liebe, in Freud und Leid,
standen wir immer zueinander
die Kinder haben wir auf den rechten Weg
gebracht,
und ein langes arbeitsames Leben
mitgemacht.

und doch steh' n wir noch mittendrin im
Schaffen
ich brauch' keinen Reichtum und viele
Millionen,
denn ich bin unendlich reich,
dich an meiner Seite zu haben
ist mein Reichtum,
der mich glücklich macht
mein Reichtum sind die Lieben,
die ich für immer um mich vereint

Die Flucht

Es waren furchtbar unsichere Zeiten damals. Niemand kann sich das heute nur annähernd vorstellen. Es war Krieg, der sich seinem Ende näherte. Im Radio hörten wir immer wieder, dass die Russen in Ostpreußen einmarschierten. Ihre Truppen passierten schon die Grenze, kamen immer näher und rückten beharrlich ins Landinnere. Die Bevölkerung wurde gewarnt und so gut es ging mit Informationen versorgt. Ein großer Teil machte sich auf den Weg, um Ostpreußen zu verlassen. Immer mehr Menschen hatten die Entschlossenheit und den Mut ihre Heimat zu verlassen. Es herrschte große Angst vor russischen Gräueltaten, Vergewaltigungen und Erschießungen. Ich war damals noch sehr klein, vielleicht gerade mal vier Jahre alt und hatte eine noch jüngere Schwester. Mein Vater entschloss sich einer plötzlichen Eingebung zufolge auszuwandern: „Wir verlassen jetzt Königsberg!" Es war tiefster Winter, eine eisige Kälte bis zu -25°C herrschte. Meine Eltern und meine Tante, die bis dahin bei uns lebte, rannten mit beiden Kindern auf ihren Armen und einigen wenigen Habseligkeiten die Treppe hinunter. Es war höchste Zeit, denn die russischen Flieger flogen über uns, über Königsberg und bombardierten die Stadt. Sie warfen Phosphorbomben, die meine Schwester sehr schwer am Gesäß verletzen. Der Phosphor brannte alles weg. Die Folge waren schwerste Verbrennungen. Mein Vater bekam einen Splitter in seine rechte Hand, der mittlere Finger wurde verletzt. Meine Mutter musste mit meiner Schwester und mit meinem Vater ins

Krankenhaus, da beide schwer verletzt waren. Dort war das Krankenpersonal völlig überlastet. Es gab viele Verletzte, die dort Hilfe suchten. Meinem Vater wurde an der rechten Hand der mittlere Finger abgenommen, was für ihn als Musiker und Pianist eine Katastrophe bedeutete. Aber das Leben ging weiter und sie überlebten beide, nur das zählte. Meine Tante war außer sich, als sie hörte, dass meine Mutter den Schmuck zurückgelassen hatte. Aber das Leben der Familie war ihr wichtiger. Es war kaum zu glauben, aber Eleonore entschloss sich noch einmal zurück zu unserem Haus zu gehen, um den Schmuck zu holen, der ihr so wertvoll erschien. Beim Verlassen des Hauses wurde alles zurückgelassen, außer einigen wichtigen Kleinigkeiten für die Kinder und sich selbst. Auf der Flucht konnten sie keine überflüssigen Lasten gebrauchen.

Als meine Tante zum Haus zurückkam, war sie schockiert, denn sie sah, dass das Haus getroffen worden war. Der Flügel hing mit einem Bein halb aus dem Haus heraus. Die Außenwand war beim Bombardement weggerissen worden. Die Flieger waren immer noch über ihr und warfen Bomben, als sie das Haus mit dem gesuchten Schmuck dann endgültig verließ. Wir waren im Krankenhaus und meine Tante, die alleine zurück zum Haus unterwegs war, wurden auf diese Weise auseinandergerissen und fanden sich dann nicht mehr. Es war ein furchtbares Chaos, die Straßen waren voller heimatlos gewordener Menschen. Eleonore schlug sich mit den Flüchtigen auf dem Landweg durch, denen sie sich angeschlossen hat. Um sich vor russischen Übergriffen und Vergewaltigungen zu schützen, hat sie einer Toten die

Schwesterntracht abgenommen und sich als pflegende Krankenschwester getarnt und durchgeschlagen. Somit war sie wenigstens ein wenig geschützt. Davor hatten einige doch noch einen gewissen Respekt. Auf diese Art strandete sie im Ruhrgebiet in Nordrhein-Westfalen, wo sie bis zum Schluss blieb. Später fanden sich meine Eltern und sie durch die Mithilfe des Roten Kreuzes wieder.

Wir setzten unsere Flucht in Richtung „Kurische Haff" fort, das völlig vereist war. Auch andere waren dorthin unterwegs und schlossen sich uns an. Ein langer Treck bildete sich, inmitten dem man versuchte, sich so geräuschlos wie nur möglich fortzubewegen. Es bildete sich eine kilometerlange Kolonne, die aus vielen Kutschen, die von Pferden gezogen wurden, bestand. Viele waren neben den Pferdefahrzeugen zu Fuß unterwegs. Die Fuhrwerke waren mit älteren Frauen und Kindern gefüllt. Vereinzelt auch mit älteren Männern, die nicht mehr gut zu Fuß waren und laufen konnten oder später vor Erschöpfung nicht mehr mitkamen. Die Jüngeren liefen zu Fuß neben den pferdegezogenen Kutschen. Nur mühsam und langsam bewegte sich die Kolonne der Flüchtigen auf dem Eis fort. Ich habe noch immer eine starke Erinnerung an damals in meinem Gedächtnis, die ich nicht vergessen konnte. Unser Hund die „Kuller" wurde von den Wachleuten direkt neben mir erschossen. Das Tier durfte nicht mit, da es uns mit seinem Gebell hätte verraten können. Die Erinnerung daran werde ich wohl nie vergessen können.

Das „Kurische Haff", auf dem sich der Flüchtlingstreck bewegte, war bis weit ins Meer vollkommen zugefroren. Es fing an zu schneien. Und dann kam es noch härter: Plötzlich war mein Vater verschwunden. Wir suchten ihn verzweifelt. Er hatte sich offensichtlich schon recht weit von uns entfernt. Wir hatten Glück, dass es vorher schon eine Weile geschneit hat, wodurch wir seinen Fußspuren folgen konnten. Wir fanden ihn dann letztendlich nach langem Suchen weitdraußen Richtung Meer. Er war völlig verwirrt, vor Schmerz und Fieber gepeinigt, nicht mehr bei Sinnen. Seine Wunde an der Hand hatte sich entzündet. Und letzten Endes hatte er Halluzinationen. Wir packten ihn in einen der Wagentransporte, wodurch wir ihn im Blick behalten konnten, und versuchten das Fieber zu senken und so auf ihn Acht zugeben.

Dann kamen die Flieger, beschossen den Flüchtlingstreck und die Menschen. Wir gaben auf dem Eis eine gute Zielscheibe ab. Es war entsetzlich und beängstigend. Das Eis war an vielen Stellen eingebrochen, viele brachen im gebrochenen Ei ins Wasser, gingen unter und konnten sich nicht mehr retten. Ganze Trecks waren samt Pferd im eingebrochenen Eis untergegangen, blieben da verschwunden und konnten sich nicht mehr befreien. Niemand konnte wirklich helfen. Die Kälte ließ sie erstarren und bewegungslos werden. Sie hatten keine Chance. Das eisige Wasser begrub sie nach langem Kampf unter sich. Wir hatten einfach Glück, dass wir bis dahin durchkamen, letztendlich schafften wir es dann auch in den Hafen. Ich glaube, es war Gotenhafen, wenn ich mich recht erinnere, wo die Wilhelm Gustloff lag. Es war ein großer Segen für meinen Vater mit seiner Verletzung an der rechten Hand. Er hatte ja bereits im Königsberger Krankenhaus den mittleren Finger amputiert bekommen und trug immer noch einen dicken Verband. Das Militär kontrollierte alle Männer, die aufs Schiff wollten. Alle, die gesund waren, mussten noch dem Vaterland dienen. Im Hafen angekommen, konnte mein Vater wohl wählen, wann wir fahren. Er bestand darauf, sofort einzuschiffen. Auf der letzten Fahrt ging die „Wilhelm Gustloff" dann unter. Wir waren glücklicherweise vorher darauf gefahren. Ich erinnere mich daran, dass unheimlich viele Menschen an Bord waren: statt der zweitausend waren es Zehntausende geworden. Wenn ich zur Toilette wollte, hatte ich Angst wegen der Reling, auf der ein langes Brett angebracht worden war. Es war ein Donnerbalken sozusagen und ich sah bei der Verrichtung meines Bedürfnisses in die Tiefe. Es war zudem bitterkalt und ich hatte Angst. Andere hatten es geschafft, ihre Hunde an Bord zu schmuggeln, aber unsere Kuller konnten wir nicht retten. Trotzdem: wir waren gerettet und lebten, nur das war entscheidend und zählte.

In Kiel angekommen kamen wir zuerst in ein Flüchtlingslager nach Wilster. Dort blieben wir für nur kurze Zeit. Später wurden wir dann noch auf dem Schiff nach Destinationen eingeteilt. Wir kamen nach Itzehoe. Das wurde unsere neue Heimat. Anfänglich war dies allerdings noch recht mühsam, denn ich musste noch vor Schulbeginn mit den Marken, die wir ausgeteilt bekamen, für das Brot anstehen. Ich wurde leicht übersehen, denn ich war so klein und schmal. Alle drängelten sich vor, bis irgendwann dann endlich jemand sagte: „Jetzt ist aber mal der Junge dran, der hier schon lange steht!"

So erhielt ich dieses Kommissbrot, das es damals gab, und das so unglaublich groß war. Ich habe es so festgehalten, als müsste ich mich daran festhalten. Ich ließ es nicht mehr los und lief überglücklich damit nach Hause. Niemand kann sich vorstellen, was dieses Brot für uns bedeutete. Einmal sattessen, das war und blieb damals für mich nur ein Traum. Die schlechten Zeiten waren vorüber. Ich war unendlich dankbar, dass die Hungersnot in den folgenden Jahren während des Aufbaus ein Ende fand.

Bericht an die Nachgeborenen

Viel Unrecht ist begangen worden
in schlechten Zeiten in der Vergangenheit
in denen Menschenleben nicht viel galt
in denen der Glaube über Leben und Tod
entscheidend war

Kriege wurden geführt und es ging um Geld
und Macht
wer sie hatte, missbrauchte sie, wie bisher alle
der Mut hat damals die Menschen verlassen
sein eigenes Leben zu retten kostete
jeden einzelnen viel Kraft
doch niemanden verschonten die Zeiten
damals

Viel Zeit ist seit damals vergangen
der Mensch musste umdenken und

alles neu richten

es sollte niemandem an irgendwas fehlen

für die Kinder eine bessere Zukunft bereitet,
hatte Vorrang

wir alle haben große Fortschritte
gemacht

doch was hat es uns und der Natur
gebracht

Der Teich

Es war ein wunderschöner Sommertag in den 1990er Jahren. Es waren nahezu vierzig Grad bei uns auf der Terrasse. Unsere jüngere Tochter bat mich an dem Tag auf unseren Enkel Robby aufzupassen, da sie Wichtiges zu erledigen hatte. Ich nahm ihn gerne zu mir. Wir würden uns einen schönen Tag machen, Geschichten vorlesen und zusammenspielen. Oft hatten wir Robby am Wochenende bei uns zu Besuch, wenn unsere Tochter mal ausgehen wollte. Und er war gerne bei uns. An diesem Tag war allerdings etwas anders als sonst; unsere älteste Tochter war auch zu Hause. Sie hatte einen Termin für eine lokale ärztliche Untersuchung. Da diese unter Narkose stattfinden sollte, musste ich sie hinbringen und später auch abholen, denn sie durfte kein Auto fahren.

Robby war sehr munter. Er spielte mit unserer Hündin Rosi und mit den Plastikspielsachen und plantschte im Wasser, das ich ihm in einem kleinen Plantschbecken hingestellt hatte. Robby und Rosi hatten viel Spaß und etwas Abkühlung. So war die Wärme gut auszuhalten. Nach dem Mittagessen sollte Robby schlafen gelegt. Er wirkte müde und erschöpft, aber so richtig schlafen ist ja generell bei Kindern mit drei bis vier Jahren nicht mehr angesagt. So war es auch bei Robby. Kinder in diesem Alter zerbersten in der Regel vor Energie und verausgaben sich bis zur Erschöpfung. Sie sind überdreht und an Schlaf ist dann nicht zu denken. Man kann kaum glauben, wie viel Dynamik und Ausdauer kleine Kinder haben können.

Irgendwann fiel Robby dann aber doch vor Erschöpfung in einen unruhigen Schlaf; seine Nackenhaare waren feucht und er war schweißbedeckt. Kinder können anstrengend sein, zumal man nie weiß, wann sie wirklich erschöpft waren. Endlich konnte an diesem Nachmittag etwas Ruhe einkehren. Kaum zu glauben. Ohne Mittagsschlaf werden Kinder ja ungenießbar und stehen die Zeit nicht bis zum Abend durch. Dann helfen auch keine Spiel- und Überredungskünste mehr. Mein Mann, der vormittags noch einer Tätigkeit nachging, kam mittags nach Hause. Er war da und konnte glücklicherweise auf Robby aufpassen. Das Krankenhaus rief nämlich an, und hinterließ, dass ich meine Tochter abholen könne. Alles sei in Ordnung, die OP gut verlaufen, Gott sei Dank! Als wir dann zurück waren, konnte sich auch mein Mann etwas hinlegen und ausruhen. Das hatte er auch nötig, denn er stand immer sehr früh auf. Unsere Tochter Rachel und ich machten es uns auf der Terrasse gemütlich. Rachel schlief immer mal wieder im Liegestuhl ein und ich las ein Buch, bis Robby wach wurde. Inzwischen war auch Rachel aufgewacht. Sie hatte die Untersuchung gut überstanden.

Robby spielte in seinen Plantschbecken, mittendrin auch immer Rosi, die auf Robby etwas eifersüchtig war. Sie forderte auch ihre Aufmerksamkeit. Es war ziemlich anstrengend sich um die beiden Wirbelwinde zu kümmern.

Rachel lag selenruhig in ihrem Liebestuhl und war inzwischen wachgeworden. Robby war eifrig mit plantschen beschäftigt, denn man konnte ihn nicht unbeaufsichtigt lassen. Unser Garten war nicht sehr groß, recht überschaubar und gut angelegt. Zur rechten Seite hat mein Mann derzeitig in der Form einer Acht einen Teich ausgehoben und angelegt, den er sich schon seit langem gewünscht hatte. Ich war eigentlich dagegen. „Nun gut", sagte ich eines Tages, „aber sobald ein Frosch quakt, wird der Teich zugeschüttet." Ich wollte keinen Ärger mit den Nachbarn. Der Teich war etwa drei Meter lang, eineinhalb Meter breit, eineinhalb Meter an der tiefsten Stelle tief und zur anderen Seite flach auslaufend. In der Mitte der Acht war eine Brücke aus Holz über den Teich wie ein Bogen errichtet, die mit einem Geländer versehen war. Auch das war selbst und gut gemacht. Es sah wunderschön aus. Am Ende des hinteren Gartens verlief ein Abhang schräg abwärts. Dort hinter dem Teich stand ein wunderschöner Apfelbaum mit vier auseinandergespreizten Ästen, die wie Arme aussahen und direkt aus der Erde kamen. Jeder Arm zeigte in eine andere Richtung, und wenn er im Frühling blühte, war er herrlich anzusehen. Der Teichrand war mit weißen Kieselsteinen angelegt und mit Schilf und anderen Teichpflanzen rundherum bepflanzt. Im Wasser befanden sich immer mehr Goldfische. Es sah romantisch aus. Wie ein wunderschönes unwirkliches Bild. Der Apfelbaum war ein Traum. Und lange ließ sich auch tatsächlich kein einziger Frosch blicken. Doch eines Tages, als ich dies zufrieden feststellte, schmunzelte mein Mann irgendwie verdächtig. Und bald sollte ich herausbekommen, warum. Und als ich nachhakte, kam es dann heraus: es gab einen Frosch. Eines Tages quakte er dann auch so laut, dass ich einen Schrecken bekam. Dann sah ich ihn. Er saß auf einem dicken Stein unter einem großen Pflanzenblatt versteckt und war kaum sichtbar, obwohl er riesengroß war. Ich denke, es war eine Kröte, der ich solgleich androhte: „Wenn du Krach machst, kommst du weg!" Entweder ich hörte ihn nicht mehr, oder er gab tatsächlich keinen Laut mehr von sich. Es war erstaunlich. Mein Mann hatte seinen Spaß, das muss man wohl sagen.

Es war ein romantisches Plätzchen auf Erden. Friedlich, naturnah und eine Oase der Ruhe. Doch der Teich hatte auch seine Tücken: Im Sommer mussten wir sehr aufpassen, dass unser Robby nicht allein an den Teich ging. Er hatte sehr viel Spaß daran, kleine Kieselsteine ins Wasser zu werfen. Mein Mann war deshalb oft mit unserem Robby auf der Brücke und hielt ihn fest. Er hatte seine wahre Freude.

Und im Winter sah das Ganze dann noch etwas anders aus. Wir hatten damals noch richtige Winter. Der Teich war oftmals von einer dicken Schicht Eis zugefroren. Die Fische hatten genug Tiefe, um darin zu überleben, und unser Robby fand das Naturspiel faszinierend. Wenn das Wasser einer dicken Eisschicht gewichen war, konnte er darauf laufen. Das stelle man sich vor. Für ihn war das unglaublich bezaubernd und spannend. Welche Gefahr dies in sich barg, konnte er im kindlichen Alter noch nicht ermessen.

Der Teich lag ruhig in unserem Garten und wurde kaum wahrgenommen. Wir hatten ihn irgendwann ganz vergessen und nicht mehr daran gedacht, dass Robby auch noch im Winter gespannt war, was sich in dem Teich tun würde. Rachel lag selenruhig in ihrem Liebesstuhl und war inzwischen wachgeworden. Robby war eifrig mit plantschen beschäftigt, denn man konnte ihn nicht unbeaufsichtigt lassen. Ich fragte

Rachel, ob ich kurz in die Küche gehen könnte, ich wollte uns Kaffee zubereiten. Es ging ganz schnell. Sie sagte, sie wäre wach, sie würde Robby im Auge behalten. Es dauerte keine zwei Minuten, dass ich den Garten verlassen hatte. Da hörte ich Rachel ganz furchtbar schreien und nach mir rufen. Ich lief so schnell ich konnte in den Garten. Mir bot sich ein erschreckendes Bild. Sie stand schon bis zu den Oberschenkeln mitten im Teich, um Robby aus dem Wasser zu fischen und herauszuholen, als ich gerade hinzukam. Vom Teichrand streckte ich meine Hände aus und nahm unseren Robby entgegen. Er schrie entsetzlich, hustete, schnappte nach Luft und spuckte Wasser aus. Wir beruhigten ihn. Das war für Robby ein furchtbarer Schrecken. Den musste er erst überwinden. Unsere Rosi kam hinzu. Auch sie tröstete ihn, was ihm guttat. Dass Kinder gerade solche Momente nutzen und aufgreifen, ganz instinktiv sozusagen, ist einfach unglaublich. Robby hat sich also während Rachel kurz die Augen geschlossen hatte am Teich zu schaffen gemacht. Ob er Steinchen hineingeworfen hat oder etwas anderes, ist bis heute nicht ganz klar. Aber er ist jedenfalls in den Teich gefallen, weil er etwas herausholen wollte. Und das war ausgerechnet an der tiefsten Stelle. Als Rachel die Augen öffnete und Robby nirgendwo entdecken konnte, sah sie zum Teich hin. Oh Schreck! Was musste sie da entdecken! Genau in diesem Moment, als sie nach ihm Ausschau hielt, tauchte er im Wasser unter. Geistesgegenwärtig eilte sie hinaus und fischte ihn ganz schnell heraus. Ich selbst machte mir diesbezüglich größte Vorwürfe. Das war gerade nochmal gut gegangen! Es war nicht vorstellbar, was Robby hätte passieren können! Es lässt sich kaum ermessen, wie glücklich, dankbar und erleichtert ich war, dass er wohlauf war und dieses Erlebnis ganz schnell wieder vergaß. Daraufhin gab es eine große Portion Eis. - im Winter wäre vielleicht ein heißer Kakao oder ein Buchstaben-süppchen daraus geworden … bei Kälte geeigneter.

Gegenwart

Was hat sich eigentlich verändert
unsere Kinder vergessen wir, dass sie uns
brauchen
schaut euch um, seht die kranken Seelen
die, die uns brauchen, verkümmern
wundert euch nicht, was euch danach
erwartet

Die Umwelt stöhnt auf, ihr habt sie
zerstört
was noch nicht von uns zerstört ist
macht der Klimawandel nieder
Stürme, Hochwasser und furchtbarer
befall
von uns dafür der fruchtbare Boden
bereitet
kehret um solange es noch geht
vielleicht ist es schon für uns alle zu spät

was haben wir aus unserer Welt gemacht?

war für eine Zukunft

haben wir unseren Kindern bereitet?

welche Armut werden unsere Kinder

erleben?

welche Perspektiven haben wir für sie

geschaffen?

wahrlich düstere Zeiten kommen auf uns

zu?

Die verhängnisvolle Narkose

Werner, ein Kommandant des Marine U-Bootes im Zweiten Weltkrieg, manövrierte monatelang mit seiner Mannschaft in Randmeeren und in Küstennähe von Amerika und Großbritannien. Sie operierten vorsichtig an der Wasseroberfläche, und sie beobachteten und tauchten, wenn notwendig, um zu gegebener Zeit, wenn Befehle kamen, anzugreifen. Aber sie mussten stets sehr vorsichtig sein, um nicht entdeckt zu werden. Es gab U-Boot-Zerstörer, die ebenso ihre Zirkel drehten, um ihrerseits Ausschau nach feindlichen U-Booten zu halten. Werner, der Kommandant, hatte allein die volle Verantwortung für seine Mannschaft, unter der ein guter Zusammenhalt herrschen musste. Sie waren gemeinsam in diesem U-Boot unter Wasser gefangen und nur gemeinsam waren sie stark. Stunde für Stunde, Tage und Nächte. Es gab kein Entkommen. Es war ihr gemeinsames Schicksal. Die Kameradschaft musste gut sein und es war unabdingbar, dass die Truppe immer zusammenhielt. Sie hatten ein gemeinsames Ziel: Sie mussten den Feind aufspüren, bekämpfen und zerstören. Es wurden keine einsamen Entscheidungen toleriert oder getroffen. Die Entscheidungen mussten verantwortungsbewusst sein, denn sie betrafen alle.

Nun tat sich eines Tages doch endlich etwas. Über Funk kam ein neuer Befehl herein. Der Befehl lautete, ein sowjetisches Handelsschiff zu versenken, das in der Küstennähe Englands kreuzte. Sie torpedierten mit zwei Torpedogeschossen das russische Handelsschiff und brachten es so zum Sinken. Nach dem Manöver setzten sie sich sofort ab, sanken tiefer und versuchten sich zu tarnen und räumlich schnellstens zu entfernen, um nicht lokalisiert, entdeckt und verfolgt werden zu können. Diesmal entkamen sie nicht so leicht. Ein U-Boot-Zerstörer war in der Nähe und entdeckte das U-Boot sogleich. Es wurde torpediert und das U-Boot wurde massiv und sehr schwer getroffen. Sie waren nach diesem schweren Feuer manövrierunfähig. Der LI, Leitender Ingenieur an Bord des U-Bootes, war für die gesamte Technik an Bord zuständig. Er überprüfte mit seinen Offizieren die Maschinen, alle Gerätschaften und begutachtete den entstandenen Schaden sorgfältig und eingehend, konnte aber nur feststellen, dass er nichts mehr tun konnte, der Schaden war irrreparabel. Sie mussten das U-Boot verlassen, um die Mannschaft zu retten. Dabei hatten sie nur eine Chance, indem sie sich bis auf den Grund treiben ließen, um das U-Boot mit Wasser volllaufen zu lassen, um dann einzeln so schnell wie nur möglich aus dem Boot aufzutauchen und an die Oberfläche des Meeres zu gelangen. Sie mussten sich aber zunächst absolut still verhalten, damit ihre Position nicht erneut lokalisiert werden konnte. Sie durften nicht riskieren, noch einmal getroffen zu werden. Das wäre ihr Ende. Nun hieß es aber, Ruhe und Nerven zu bewahren, bis das U-Boot mit Wasser gefüllt war. Eher konnten die Schleusen nicht geöffnet werden. So hieß es, weiterhin nur Nerven bewahren und Panik vermeiden. manch einer unter ihnen kam an den Rand seiner Belastbarkeit. Der Sauerstoff wurde knapp. In dieser Situation war dies wohl mit einer der schwierigsten Aufgaben, denn in diesem Fall waren Panik und Angst - ja Lebensangst - normaler Begleiter. So mancher Offizier war am Rande des mentalen Zusammenbruchs. Als sie nacheinander durch die Lucke aufstiegen, zeigte sich, wie wichtig und sinnvoll die Trainingsstunden damals bei der Ausbildung gewesen waren. Trotzdem ist der Ernstfall dann aber doch noch ganz anders. Aber sie hatten Glück und konnten sich alle retten.

Das Meereswasser war eiskalt und ließ die Truppe förmlich erstarren. An der Oberfläche des Meeres aufgetaucht waren sie vor Kälte fast bewegungsunfähig. Glücklicherweise schwammen verschiedene Gegenstände wie Holz, Fässer und andere Überreste des untergegangenen Schiffes an der Wasseroberfläche herum. Die Utensilien waren erst einmal für sie die reine Existenzrettung. Werner griff sich eine Palette und klammerte sich daran. Er rief nach seinem Freund Hans, den er dann irgendwo in der Nähe ausfindig machen konnte. Werner schwamm trotz starken Seegangs zu ihm hin und sie teilten sich dann diese Palette und hielten sich daran fest. Um den Status Quo zu kontrollieren, rief der Kommandant immer wieder jeden Einzelnen seiner Mannschaft auf, um sie zu bestärken, aufzumuntern und vor allem möglichst nicht aufzugeben. Die Zeit verging. Immer wenigere meldeten sich noch zurück, als er sie aufrief, oder aber mit einer ganz schwachen Stimme. Es vergingen Stunden, bis es endlich stiller wurde. Werner rief nach Hans, der sich nicht mehr rührte. Er wurde ganz ruhig. Er hielt ihn fest, damit er nicht von der Palette abrutschte. Werner sah, dass er schon ganz blau angelaufen war, und bemerkte, dass er kaum noch sprechen konnte. Dann hauchte er nur noch „Habe keine Kraft mehr". Werners Kräfte schwanden und er konnte ihn nicht mehr festhalten. Dann ließ er Hans los, der sogleich im Meer verschwand. Auch Werners Kräfte ließen zusehends nach. Er lag zur Hälfte auf der Palette, um nicht abzurutschen. Seine Beine spürte er nicht mehr. Seine Sinne spielten ihm einen Streich, wollten ihn im Stich lassen. Von irgendwo kam Licht. War er schon dem Himmel so nah? Dann kamen Rettungsboote und bargen ihn aus dem Meer. Er nahm das nicht mehr wirklich wahr. Es war „Gott sei Dank" ein deutsches Kreuzfahrtschiff, das sich in der Nähe befand und mitbekam, dass sich Passagiere im Meer befanden. Werner kam auf die Krankenstation und wurde erst einmal medizinisch versorgt. Danach bekam er Landurlaub und durfte nach Hause.

Doch in den letzten Zügen des Krieges bekam er erneut einen Einsatzbefehl. Er wurde eingeteilt, Dienst auf der „Wilhelm Gustloff" zu machen. Dort wurden Soldaten gebraucht, die behilflich waren, Flüchtlinge auf die „Wilhelm Gustloff" einzuschiffen. Tüchtige Flakleute wurden hier gebraucht. Das Schiff hatte über 10.000 Flüchtlinge an Bord, überwiegend Frauen und Kinder, als es in Gotenhafen ablegte. Etwa 60 Kilometer von der Pommerschen Küste entfernt wurde die „Wilhelm Gustloff" von einem sowjetischen U-Boot torpediert, das es für ein Kriegsschiff hielt. Der erste Torpedo traf die „Gustloff" und riss das Vorschiffbackbord auf. Es bekam sofort acht Grad Schlagseite. Der zweite Torpedo explodierte im Schwimmbad des Schiffes, wo vorwiegend

Marinehelferinnen untergebracht waren. Der dritte Torpedo traf den Maschinenraum. Alle Maschinen stoppten, die Lichter fielen aus. An Bord brach Panik aus. Die Menschen wollten alle auf einmal nach oben an Deck.

Die Flüchtlinge auf dem unteren Deck hatten absolut keine Chance. Über 10.000 Menschen wollten sich gleichzeitig retten. Die Massen schoben, drückten, boxten und wurden zu Tode getrampelt. Das Deck war bereits vollkommen überfüllt und es war schlichtweg, entsetzlich mitzubekommen, was sich dort abspielte. Rettungsboote waren vereist, konnten nicht zu Wasser gelassen werden. Es war ein entsetzlicher, verzweifelter Überlebenskampf um die Rettungsboote entbrannt. Die wenigen, die mit Mühe mobilisiert werden konnten, waren sofort vollkommen überfüllt. Viele sprangen ins Wasser oder rutschten vom vereisten Deck ab in die eiskalte Ostsee und klammerten sich an die Boote. Mit dem Ruder wurde ihnen auf die Hände geschlagen, damit sie losließen. An Deck versuchen Soldaten und Matrosen, die in Panik geratene Menge mit Warnschüssen in Schach zu halten. Als sich die „Gustloff" zur Seite senkte, rutschen die Menschen vom vereisten Deck ins Wasser. Andere wiederum sprangen. Doch in dem eisigen Wasser der Ostsee gab es keine Überlebenschance. Über 9.000 Menschen waren im eisigen Wasser untergangen.

Das Torpedoboot T-36 eilte sofort zu Hilfe und rettete so viele Menschen wie möglich. Zum Schluss waren es etwas über 500. Auch andere Schiffe, die sich in der Nähe befanden, kamen zu Hilfe. Die Mannschaft suchte die aufgewühlte

Oberfläche der Ostsee gründlich nach Überlebenden ab. Sie fanden jedoch kein Lebenszeichen mehr. Für viele kam jede Hilfe zu spät.

Auch Werner war in der eisigen Ostsee gelandet. Er rutschte vom eisigen Deck herunter, wie viele andere auch. Werner war weit abgetrieben und fand sich auf einer Eisscholle wieder. Dort fand ihn niemand so schnell. In weiter Entfernung sah er die Scheinwerfer, die die Ostsee absuchten. Er konnte sich nicht bemerkbar machen. Es waren Handelsschiffe in der Nähe, die nachsahen, ob sie noch Überlebende finden konnten. Immer wieder, wenn er Scheinwerfer sah, er rief verzweifelt: „Hier bin ich".

Doch seine Kraft verließ ihn von Minute zu Minute. Es hörte ihn niemand. Die Entfernung war einfach zu groß. Eisige Kälte zog durch seinen Körper und ließ ihn seine Gliedmaßen starr werden. Er hatte es schon einmal geschafft, versuchte er sich Mut zuzusprechen. Es war gar nicht lange her. Seine Kräfte schwanden immer mehr, seine Glieder spürte er nicht mehr. Da sah er wieder ein Licht. War der Himmel wieder ganz nah? Er verspürte eine diffuse Hoffnung, war nicht mehr ganz bei Sinnen. Dann kamen Rettungsbote und holten ihn auch dieses Mal von der Eisscholle herunter. Die Rettungssanitäter brachten ihn auch dieses Mal auf die Krankenstation. Man fragte sich erstaunend, ob jemand so viel aushalten, so viel Glück auf einmal haben und ein zweites Mal eine solche Situation überstehen könne. Konnte das wahr sein? Es war kaum zu glauben. Er glaubte aber stetig und ganz fest daran, dass er einen guten Schutzengel haben würde.

Das Ganze geschah in der Zeit des letzten Aufbäumens der Kämpfe und des Krieges. Es ging dem Ende zu. Am Ende des Kampfes kehrte er in seine Heimat zurück. Alles war zerstört, zerbombt und lag in Schutt und Asche. Er fragte sich, wie es weitergehen sollte. So horchte er nach allen Seiten, um für sich einen Weg zu finden. Eines war ihm klar: Er wollte arbeiten und nicht mehr bei der Bundeswehr bleiben. Aber wo hatte ein junger Mann hier eine Zukunft. Von Einigen hatte er schon gehört, dass es in Kanada oder Argentinien genug Arbeit und viele andere Möglichkeiten geben sollte. So reifte allmählich ein ungeahnter Gedanke heran. So entschloss er sich dazu nach Argentinien auszuwandern und besprach dies mit seiner Familie. Er wollte die Familie von dort aus finanziell unterstützen. Hier gab es ja offensichtlich nichts mehr, womit man sich vor Ort einen zufriedenstellenden Lebensunterhalt verdienen konnte. So bemühte er sich, alle Unterlagen, die er brauchte, zusammenzutragen. Dies brauchte eine geraume Zeit. Als es eines Tages endlich so weit war, wurde er immer aufgeregter. Nun stand er nurmehr einige Tage vor seiner Abreise und packte schon fleißig seine Koffer. Eine neue, unbekannte, aber vielversprechende Zukunft wartete auf ihn. Das schien ihm die ideale Perspektive zu bieten. Bei dieser Hoffnung wurde ihm buchstäblich schwindelig. Die Vorfreude kannte keine Grenzen. Doch einen Tag vor der Abreise bekam er sehr starke Zahnschmerzen. Er musste herausfinden, wo er einen entsprechenden Arzt finden konnte. Das war so kurz nach Kriegsende nicht so einfach, weshalb er ins Krankenhaus gehen musste. Die Entzündung des schmerzenden Zahnes war so schwer, dass man ihn ihm entfernen musste. Er bekam eine Narkose, um den Eingriff zu lindern. Doch die Laune des Schicksals zeigte sich von ihrer schlimmsten Seite. Er wachte aus dieser Narkose nicht mehr auf. Niemand konnte dies begreifen, wenn man bedachte, dass er den Untergang des U-Boots und auch das Schiffsunglück der „Wilhelm Gustloff" überlebt hatte. Damals hatte er acht Stunden auf einer Eisscholle gelegen, bis er endlich fast erfroren gefunden wurde. Und nun sollte ihm eine Narkose und ein schlimmer Zahn zum größten Verhängnis werden. Wer soll das begreifen?! Das Schicksal geht manchmal seltsame Wege. Warum es gerade so sein sollte und was ihm das Leben damit sagen wollte, lässt sich wohl nicht beantworten. Das Leben eines ungewöhnlichen, tapferen und mutigen Mannes ging unbegreiflicherweise zu Ende. Er hinterließ seine Familie, die ihn untröstlich und ratlos beerdigen musste. Viele Jahre lang versuchte man noch vergeblich die Ursache für diese toxische Überreaktion zu finden.

Zukunft

Kehret um und betet,

dass nicht ein falscher Mensch

die gefährlichste Waffe in die Hände bekommt

die Große Armut in manchen Regionen

macht Angst

die Flüchtlingswelle, die uns überrollt

lehrt Fürchten

die Schlächter in der dritten Welt

lehren Grausen

bewahret jeden Baum

es zählt jedes Leben

Die Sündflut kommt über uns

wie sehr die Geschichte sich wiederholt,

nur anders

der Mensch vergisst und lernt nicht dazu

braucht neue Generation wieder neue Kriege?

Das wird des Menschen Verderben sein

keine Waffe löst die Probleme der Welt
trachtet nicht nach macht und Geld

Probleme müsst ihr diplomatisch lösen
gedenket der Menschen
wir sind alle gleich
gedenket der Kinder
für uns alle das größte Geschenk
mit Güte und Nachsicht löst ihr
jedes Problem
lasst Waffen schweigen

Die Sintflut kommt über uns
kehret um, o kehret um
mein Gott
wir brauchen dich
verlasst uns nicht in unserer Not
öffne unsere und deren Augen
sie mögen sehen das Licht

Hilde, so war es nicht geplant

Inzwischen sind einige Jahre vergangen seit dem Krieg. Deutschland war im Aufbruch. Überall wurde aufgebaut und das Land neu reformiert. Hilde, die in der Nähe von Hamburg wohnte, suchte sich eine Arbeitsstelle als Kindermädchen. Eine gutgestellte Familie suchte für ihre drei Kinder eine Gouvernante. Sie liebte Kinder und wollte gerne eine solche verantwortungsvolle Aufgabe übernehmen. Mutter Emilie war damit einverstanden, doch auch etwas wehmütig, wenn die Tochter nicht mehr zu Hause in ihrer Nähe leben würde. Aber Kinder mussten sich auch abnabeln und ihre eigenen Wege gehen. Sie redete ihr zu und machte ihr Mut. Hilde stellte sich dort also in Bremen bei der Familie vor und bekam diese Anstellung. Sie hatte dort von Anbeginn an einen guten Eindruck gemacht. Es begann für sie ein neuer Lebensabschnitt und sie freute sich auf ihre neue Aufgabe. Schnell lebte sie sich bei dieser Familie gut ein, die Kinder liebten sie, die Eltern nahmen sie, wie eine eigene Tochter bei sich auf und sie lebte bei ihnen wie bei der eigenen Familie. Hilde war sehr zufrieden.

Eines guten Tages las ihre Arbeitgeberin in der Zeitung „Heim und Welt" und sprach zu ihr: „Hör mal zu Hildchen, was in der Zeitung steht. Hier ist eine Anzeige. Ein deutscher junger Mann aus Amerika sucht eine deutsche Frau. Wer sich interessiert, solle sich melden. Hier sind alle Angaben dazu".

Hilde war etwas irritiert. Sollte womöglich Sieglinde, wie sie ihre Arbeitgeberin nennen durfte, etwa nicht mehr mit ihrer Arbeit zufrieden sein? Ihr kamen Zweifel, ob alles in Ordnung war. Wollten sie sie vielleicht loswerden? Hilde machte sich ein wenig Sorgen darum, ob sie ihre Arbeit nicht zu aller Zufriedenheit erledigte. Sie wurde sehr nachdenklich und konnte sich keinen Reim darauf machen. Das merkte auch Sieglinde. Eines Abends saßen sie beim Abendbrot gemeinsam am Tisch, und das Gespräch wurde auf dieses Thema gebracht. Hilde fragte frei raus, ob ihre Arbeit nicht zufriedenstellend war.

Sieglinde beruhigte sie: „Sieh mal, unsere Kinder werden größer und brauchen dich irgendwann nicht mehr. Hier kannst du niemanden kennenlernen. Bei uns gibt es kaum noch junge Männer. Sie sind im Krieg gefallen oder sie sind in Gefangenschaft. „Du bist eine reizende junge Frau", erklärte Sieglinde. „Es wäre schade, wenn du allein bleiben würdest. Wir dachten, das könnte vielleicht etwas für dich sein. Kontakt aufnehmen könntest du ja wenigstens einmal. Den Kontakt abbrechen kannst du ja immer noch, wenn es nichts sein sollte." Nun verstand Hilde Sieglindes Motivation. Vielleicht hatte sie ja recht. Sie würde darüber nachdenken.

Schon bald begannen die großen Ferien. Hilde fuhr nach Hause und freute sich schon auf das Wiedersehen mit ihrer Familie. Ihre Eltern und ihre jüngeren Geschwister hatte sie lange nicht gesehen.

Eines Abends lag Hilde mit ihrer Mutter im Bett und erzählte ihr bei der Gelegenheit von der Kontaktanzeige. Sie wollte wissen, was Emilie davon hielt. Diese war zunächst entsetzt. Begeisterung trat bei diesem Gedanken nicht auf. Sie fürchtete, sie nie mehr wiederzusehen. Doch Hilde konnte darauf nicht Rücksicht nehmen, sondern hatte sich mit diesem Gedanken schon so angefreundet und vertraut gemacht, dass sie schriftlich Kontakt aufnahm. Es entstand ein sehr reger Schriftverkehr zwischen Hans und Hilde. Sie tauschten Bilder aus und schrieben sich immer vertrautere Briefe. Hilde belegte einen Englischkurs, damit sie die Sprache gut beherrsche. So ging ein wenig Zeit ins Land. Zwischen den Schreibenden stellte sich eine gewisse Vertrautheit ein. Zarte Bande entstanden durch den Schriftverkehr. Sie hegten Gefühle füreinander, auch wenn sie sich noch nie gesehen hatten. Sie beschrieben so viele Dinge echt und lebensnah, dass sie das Gefühl hatten, den anderen schon bald recht gut zu kennen. Und eines Tages stellte Hans auf diese Entfernung die eine entscheidende Frage: Ob sie ihn heiraten wolle. Er hielt tatsächlich und ernstgemeint um ihre Hand an. Nach dem ersten Erstaunen über dieses unkonventionelle Procedere konnte sie es sich tatsächlich irgendwie vorstellen, Hans zu ehelichen - auch wenn sie zunächst noch um Geduld bat, um gründlich darüber nachzudenken. Es wäre schließlich eine Entscheidung fürs Leben. Sie wusste die „Katze im Sack" auf immer und ewig zu bejahen, wäre hier äußerst mutig. Diese entscheidende Frage weckte ungeheuer viele Zweifel in ihr, ob alles richtig war, was sie hier tat. Worauf hatte sie sich hier einfach blind eingelassen? Erst in jenem Moment wurde sie sich der Tragweite bewusst. Danach gäbe es kein Zurück mehr. Nach einer angemessenen Bedenkzeit bejahte sie seinen Antrag und hoffte, dass niemals zu bereuen. Hans war nach der Zusage überglücklich. Er war, wie auf Wolken und besorgte alles für ihre Reise. Die Schiffspassage wurde gebucht und der Termin, wann sie einschiffen würde, stand endgültig fest. Als sie Emilie ihren Entschluss mitteilte und erklärte, dass sie Deutschland verlassen und nach Amerika auswandern würde, war diese ganz entsetzt. Sie würde für sie unerreichbar sein und sie für immer verlieren. Das könne sie nicht ertragen, jammerte sie.

Doch Hildes Entschluss stand fest! Sie traf alle notwendigen Vorbereitungen. Dann war es endlich so weit. Sie bestieg das Schiff, mit dem sie nach Amerika in ihr neues Leben reisen würde. Die Reise dauerte etwa acht Wochen. In diesen acht Wochen auf dem Schiff gab sie sich wunderschönen Fantasien und Träumen hin. Sie war so glücklich. Aber auch Zweifel tauchten auf, es könnte etwas schief gehen, die sie dann wieder schnell verscheuchte. Ihre Erwartungen waren groß und die Zeit verstrich unglaublich langsam. Wie gut, dass sie schon sehr früh Bilder ausgetauscht hatten. Sie war sehr neugierig, aber auch unsicher. Würde er so sein, wie sie ihn in seinen Briefen kennengelernt hat? Als sie das Schiff verließ, holte ihr Bräutigam sie dort sehr nervös ab und nahm sie in Empfang. Auch er war sehr unsicher und angespannt. Sie sahen und erkannten sich sofort. Ihre Erwartungen wurden übertroffen. Dann standen sie sich eine Weile schweigsam und gehemmt gegenüber. Schüchtern begrüßten sie sich. Auch sie war sehr befangen, unsicher und doch auch voller Vorfreude. Natürlich blieben zunächst eine gewisse

Fremdheit und Distanz zwischen ihnen, trotz der vielen Briefe. Doch nun gab es kein Zurück mehr. Vom Schiff aus ging es sofort zum Standesamt, damit sie vermählt wurden. Das hat Hans ihr in Verbindung mit dem Antrag damals auch mitgeteilt. Das machte damals die US-Regierung zur Bedingung. Sie hatte für ihre Hochzeit ein enganliegendes Kostüm gewählt und vorbereitet und sah darin bezaubernd aus. Hans hatte an alles gedacht. Selbst für Trauzeugen hat er gesorgt. Zwei seiner besten Freunde fungierten als Trauzeugen. Die Trauung selbst verlief für sie fast unwirklich und beinahe Selbstgesteuert. Und als sie wie aus einem Traum nach der Trauung aufwachte, waren sie vermählt und es war alles vorüber. Die ersten Barrieren der Fremdheit waren nach der Trauung bald überwunden und gingen vorüber. Der erste schüchterne, zarte Kuss nach der Trauung hat sie einander ein wenig nähergebracht. Sie wollten beide „Ja" sagen zu diesem neuen Leben. Und Gott sei Dank haben sie nie bereuen müssen, dieses Wagnis eingegangen zu sein. Sie gründeten eine Familie und waren mit ihren Kindern sehr glücklich.

Eifrig schrieb Hilde ihrer Mutter und auch ihrer jüngeren Schwester Sophie lange Briefe. Sophie war Balletttänzerin an der Berliner Staatsoper geworden. Der schwesterliche Kontakt war nicht ganz so eng, da sie tausende von Kilometern voneinander trennten. Aber in den Ferien sahen sie sich regelmäßig. Hilde schrieb ihrer Schwester begeistert, dass ihre Möglichkeiten und Berufschancen in Amerika weit größer wären als in Deutschland. Sie hätte eine bessere Zukunft vor sich als in dem Deutschland des Wiederaufbaus.

Tatsächlich entschloss sich Sophie nach Amerika zu ihrer Schwester zu reisen, um sich das Land anzusehen. Sie blieb einige Zeit dort, aber diese fremde Kultur wollte ihr dort nicht gefallen. Sie bekam furchtbares Heimweh. Ihr Entschluss stand deshalb schon bald fest, nach Deutschland zurückzukehren. Sie musste allerdings zunächst noch arbeiteten, um sich das Geld für die Schiffspassage zu verdienen. So blieb sie beinahe ein ganzes Jahr dort bei Hilde und Hans.

Dann endlich war der Tag gekommen, als sie das Schiff besteigen und die Rückreise antreten konnte. Das Schicksal meinte es gut mit ihr. An Bord des Schiffes lernte sie einen Mann kennen, in den sie sich Hals über Kopf verliebte. Das traf auf beide zu. Auch Will war unglaublich verliebt. Sie ließen sich noch am Bord des Schiffes trauen. Als sie in Hamburg ankamen und sie von Emilie abgeholt wurden, stellte sie ihrer sprachlosen Mutter sogleich ihren Ehemann vor. Sie war unglaublich überrascht, freute sich aber auch schon recht bald für sie. Die Überraschung war ungeheuer groß.

Will, Sophies Mann, war Texaner und Rancher. Er war finanziell sehr gut gestellt, züchtete Rinder und reiste nach Deutschland, um hier Verträge innerhalb weniger Tage mit guten Züchtern abzuschließen. So lebten sie drei Tage bei der Mutter. Als alles erledigt war, reisten sie mit dem gleichen Schiff nach Amerika zurück, und flogen von dort direkt weiter nach Texas, wo sie eine Familie gründete und zeitlebens bleiben sollte.

Die beiden Schwestern waren räumlich zwar sehr weit voneinander getrennt, aber sie besuchten sich regelmäßig und abwechselnd für zwei oder drei Wochen, um in Kontakt zu bleiben und sich auszutauschen und von den alten Zeiten in Europa zu schwärmen. Dazwischen schrieben sie sich außerdem lange Briefe und telefonierten ab und an.

Alles war eigentlich anders geplant: Emilie wäre glücklich gewesen ihre Töchter und auch ihre Enkel, die sie nur von vielen Fotographien kannte, in der Nähe zu haben. Hilde sah das neue Land als ihre Heimat an und war dort sehr glücklich. Hans allerdings hatte oft Sehnsucht nach Deutschland. Sophie haderte manchmal mit ihrer Entscheidung in Texas und nicht in der Nähe der großen Bühnen zu leben. Und die Männer der drei Frauen? Sie arrangierten sich mit der Situation und nutznießten sogar davon, weil sie immer mal wieder kostengünstig Ferien in den USA machen konnten. Und Hilde stand Zeitlebens in Kontakt mit Sieglinde und auch mit ihrer Tochter Amelie. Bis ins hohe Alter pflegten sie eifrig schriftlichen Kontakt und besuchten sich mehrmals gegenseitig. Sie tauschten sich über die alten Zeiten aus, als sie noch in Deutschland lebte.

So kann manchmal das Leben die Regie übernehmen – und das ist auch gut so!

Unser Weltbild

Wo bleibt der Mensch
und wo das Tier, wo unsere Natur
in dieser Welt
nichts hat mehr die Berechtigung
seiner eigenen Existenz

Alles war vor uns da und doch
muss alles weichen
die industrielle Welt nimmt dafür
ihren Platz ein
und zerstört alles

doch wo all' das nicht existieren darf
hat auch der Mensch keinen Platz mehr
des Menschen Leben, das höchste Gut
was ist es uns Wert
in dieser verrohten Welt?
in der so viele glauben
mit der Waffe in der Hand
sind sie die stärksten

Ein Menschenleben so bedeutungslos
wird ohne nachzudenken ausgelöscht
es ist uns keinen Pfifferling mehr Wert
nur der eigene Profit und die Macht
und der blinde Hass regiert manche
Herzen
sie erreicht kein Recht und kein Elend
dieser Welt

Veränderung des Bewusstseins

Depressionen und kranke Seelen
begegnen uns täglich
wer kann ihnen helfen
wer gibt sich die Müh'

Ellbogen und Egoismus
beherrschen die Menschen
so mancher nimmt sich selbst viel zu ernst
Rücksichtslosigkeit breitet sich aus
jeder Einzelne denkt nur an sich

So mancher sieht sich
als Mittelpunkt der Erde
trotz Helligkeit bleiben unsere Augen blind
das Licht erreicht nicht unsere Herzen
die, die uns brauchen sehen wir nicht

Der Baum

Der Baum, so weise
hat uns vieles voraus
in seinem Geäst hat die Zeit
erlebte Spuren hinterlassen

Unter seiner tragenden Last
der grünen Äste
sah Liebepaare
sich Liebe schwören
verschlungene Herzen
in Rinde einritzen
damit sie für ewig
das Zeugnis behielte

Kein Wind und kein Wetter
konnten ihm etwas anhaben
hat Stürmen widderstanden
unbeugsam

hat alles ertragen

möge er weiter unbeugsam ausharren

Manch Baum

hat über hundert Jahr

und erblüht uns immer wieder

jedes Jahr aufs Neue

strahlt in seinem schönsten Kleid

Zustand des Verderbens

Was habt ihr alles schon zerstört
habt ihr die Stimme Gottes nicht
gehört
sie warnt euch vor der Qual
sonst habt ihr bald mehr keine Wahl

Ihr Nachgeborenen gebt acht
euch zu erhalten, was euch gegeben wart
kehret um, macht halt mit der
Zerstörung
hört die Stimme Gottes der
Empörung

Die Natur müsst ihr euch erhalten
hört Aufschrei des Sterbens, lasst
euer Walten
die leise redenden bringt ihr zum
Schweigen

so wird sich das Dunkel über euch
neigen

Spiegel der Seele

Ich sah in den Spiegel

und

sah mich nicht

es war nur Licht

dann

Finsternis

Der Schatten

Wir würden uns über jeden Schatten freuen

den der eine Baum uns wirft

lasst den Baum leben

weil er uns Leben, Ruhe und Schatten verspricht

In Demut

Wir suchen

Zuflucht und Geborgenheit

und

empfinden Liebe und Dankbarkeit

dass es den Einen für uns gibt

der uns liebt

Rückt zusammen, reicht euch die Hände

seit füreinander da, wir brauchen uns alle

Das ewige band verbindet

ein Leben lang

Gedenket der Menschen

wir sind alle gleich

Danksagung

Zuallererst möchte ich mich bei meiner Familie bedanken, insbesondere bei meinem lieben Ehemann Joachim, meinen Kindern Andrea und Sabine und meinen Enkeln Pascal und Aaron. Ich danke ihnen für ihre Liebe und ihre Unterstützung und dem Zuspruch, mit meiner Arbeit weiterzumachen und nicht aufzugeben. Besonderen Dank muss ich meinem Ehemann Joachim aussprechen, der mir während des Schreibens viel Arbeit abnimmt und mir alles fernhält, was mich stören könnte.

Meiner Tochter Andrea gilt mein besonderer Dank. So manche gute Idee und Inspiration stammen von ihr, dass mir dann weiterhilf, wenn ich in eine Sackgasse gerate und mir die Ideen ausgehen. Einen besonderen Dank an all diejenigen, die mir zum großen Teil ihre Ideen zu den Geschichtchen geliefert haben. Es sind nicht alles meine eigenen Ideen. Außerdem gilt mein besonderer Dank all denen, die im Hintergrund an der Entstehung dieses Buches beteiligt waren.

Ein ganz besonderer Dank geht hier an meine hervorragende und wunderbare Lektorin Cornelia Soltau, die mich während des Schreibens begleitet, bestärkt und unterstürzt hat. Ich bin ihr zu großem Dank verpflichtet.

Und da sind noch meine vielen treuen Leser, die schon lange nach meinem nächsten Buch fragen und geduldig darauf warten, dass es erscheint und mir damit die Möglichkeit geben, weiterzuschreiben.

Inhaltsverzeichnis

Kasper und die Maus.. 7
Der Diamant..14
Die Brüder...15
Die Liebe... 19
Drei Strolche am See.................................. 21
In Mondlicht gehüllte Landschaft...................... 27
Ein Freund der Regierung..................................28
Das verlassene Kind.................................... 34
Ausbruch aus dem Gefängnis...........................36
Leidende Seele... 42
Die Liebe der Donna Giovanna...........................43
Gottes Kraft...48
Unterwegs.. 49
Die weiße Pracht.. 57
Elidas Sehnsucht....................................... 58
Die Trauer... 64
Die Königstochter und die Kröte....................... 65
Allgemeines Weltbild..................................72
Der unangenehme Fahrgast...........................73
Glück..78
Julia und Robert..................................... 79
Der Baum..83
Die Baustelle... 85
Das Glück.. 91
Der Überfall... 92
Im Herbst des Lebens................................. 97

Die Flucht	99
Bericht an die Nachgeborenen	105
Der Teich	107
Gegenwart	113
Die verhängnisvolle Narkose	115
Zukunft	123
Hilde, so war es nicht geplant	125
Unser Weltbild	132
Veränderung des Bewusstseins	134
Der Baum	135
Zustand des Verderbens	137
Spiegel der Seele	139
Der Schatten	149
In Demut	141
Danksagung	145
Inhaltsverzeichnis	146

ZINKA HÖRNING in Slowenien geboren und aufgewachsen. Die Familie wanderte 1959 nach Deutschland aus. Als gelernte Bürokauffrau hat sie den Wunsch zu schreiben, den sie erst sehr spät aufgreift und realisiert. Sie ist verheiratet und hat zwei Töchter und zwei Enkel. Mit ihrer Familie lebt und schreibt sie in NRW.

2013 erscheint ihre Biographie „Für ein Schwein verkauft". 2018 erscheint „Erbarmungslos unkontrolliert".